LET'S FIND

some

BEAUTIFUL PLACES

to get lost

WWW.GUIDEME.CH   GUIDEME_TRAVEL

Das bin ich

4 MARLEN VALDERRAMA-ALVARÉZ >>
@MALVAREEZZ

MALLORCA AUF EINEN BLICK
6 ÜBERSICHTSKARTE MALLORCA UND 15 HIGHLIGHTS

VOR DEINER REISE
8 GUT ZU WISSEN & SPRACHFÜHRER
10 REISE-KNIGGE

MALLORCA IN 100 TIPPS
12 PALMA
44 WESTEN
72 NORDEN
90 INSELMITTE UND SÜDKÜSTE
116 OSTEN

140 **GROSSER PARTYGUIDE**
144 **EVENTS & FESTIVALS**
150 **KLEINES REISETAGEBUCH**

Überall im Buch.
Von mir für dich!

Inhalt

94

82

49

137

PALMA

WESTEN

NORDEN

INSELMITTE UND SÜDKÜSTE

OSTEN

Hello
Das bin ich

MARLEN VALDERRAMA-ALVARÉZ

Mein liebster Ort auf Mallorca????

Palmas wunderschöne Altstadt

Ich liebe die Pizza aus dem Restaurant Mamma Mia in Cala Ratjada ...

... und Paella geht sowieso immer!!

3 Dinge, die du auf deinem
Mallorca-Trip unbedingt dabei
haben solltest:

☐ Sonnenbrille
☐ Badekleidung
☐ festes Schuhwerk

Meine
Lieblingsfarben

Hola Chicas y Chicos,

mein Name ist Marlen Valderrama-Alvaréz, ich komme aus Würzburg. Ich bin laut, extrovertiert, zuverlässig, ein Freigeist, humorvoll, abenteuerlustig, neugierig und weiß immer genau, was ich will.

Nach meiner Ausbildung zur Kinderpflegerin habe ich angefangen, mit Instagram zu arbeiten, seitdem bin ich in diesem Business unterwegs. Im Hintergrund laufen aber immer ein paar geheime Projekte ab, so wie dieses hier. Es hat wirklich viele Mühen gekostet, aber jetzt bin ich begeistert von meinem TravelBook!

Wenn ich nicht gerade instagramme oder Zeit mit meinen Liebsten verbringe, gehe ich meinem schönsten Hobby nach: dem Reisen. Ich liebe es, andere Kulturen, Menschen und Sichtweisen kennenzulernen. Übrigens – mein Aszendent ist der weltoffene Schütze – das kann kein Zufall sein! Sí, mein Nachname ist spanisch, denn mein Papa kommt aus Andalucía. Neben seiner Heimat liebe ich aber auch Mallorca von ganzem Herzen! Früher dachte ich, dass die Insel nur Ballermann und Party sei, aber sie hat mich mit ihren wunderschönen und interessanten kleinen Ecken, Buchten, Restaurants und Menschen eines Besseren belehrt. Mindestens zweimal im Jahr fliege ich dorthin. Warum Mallorca mich so anzieht? Es ist soo vielfältig, und egal wie voll der Kopf ist, ein Besuch in diesem Paradies entlüftet ihn jedes Mal. Ich verliebe mich immer wieder aufs Neue! Das Beste: Mit dem Flieger ist Mallorca nur zwei Stunden entfernt, also packt eure Sachen, selbst wenn ihr nur ein Wochenende Zeit habt. Das reicht schon, um sich in die Insel zu verlieben! Versucht es einfach!

Und jetzt komm mit,
ich zeige dir Mallorca

Cap de formentor

Alcudia -
Porta del Mo...

Westen

Nosq...

Valldemossa

l'Oliva

Inselmitte

Mercat de l'Olivar

Palma

Banys Arabs

Kathedrale La Seu

Cocos Deli

V

Hafen von Palma

Restaurante Verbano

Südküste

Drei Finger Bucht

Cala Pi

Botanicactus

Mittelmeer

MALLORCA
Bucket List

Eglésia Nova

Tour in den
Tropfsteinhöhlen

Osten

Sa Cova Foradada

*Alle Highlights sind im Buch
mit einem ✴ gekennzeichnet.*

BLOSS NICHT VERPASSEN!

- ○ KATHEDRALE LA SEU
- ○ BANYS ÁRABS
- ○ HAFEN VON PALMA
- ○ MERCAT DE L'OLIVAR
- ○ VALLDEMOSSA
- ○ CALA DE PORTALS VELLS
- ○ COCOS DELI
- ○ AUSSICHTSPUNKT CAP DE FORMENTOR
- ○ ALCÚDIA
- ○ CALA PI
- ○ BOTANICACTUS
- ○ VERBANO
- ○ EGLESIA NOVA
- ○ TOUR IN DEN TROPFSTEIN-HÖHLEN
- ○ SA COVA FORADADA

TO BE CONTINUED...

- ○ ....
- ○ ....
- ○ ....
- ○ ....
- ○ ....
- ○ ....

VOR DEINER REISE

Gut zu wissen

BESTE REISEZEIT – Im Frühjahr ist es meist mild, mit kühlen Abenden und Regenschauern, im Sommer heiß mit Gewittern. Im August herrscht hohe Luftfeuchtigkeit. Die Hauptsaison dauert von Mai bis Oktober. Viele Urlauber:innen zieht es aber auch zur Mandelblüte im Januar/Februar oder in den Osterferien auf die Insel.

TRINKGELD – In Restaurants sind bis zu 10 Prozent des Gesamtbetrags üblich. Zimmerreinigungskräfte freuen sich über 5 bis 6 Euro Trinkgeld pro Woche.

WICHTIGE TEL.-NUMMERN
VORWAHL NACH MALLORCA +34, die Rufnummer ohne „0" vorweg
NOTRUF: 112

ÖFFNUNGSZEITEN – Geschäfte sind werktags von 9–13/13.30 sowie 16–20.30 Uhr und länger geöffnet. Zunehmend gibt es aber auch Lokale und Läden, die ihre Kund:innen durchgehend bedienen.

ERMÄSSIGUNGEN – Mit dem Mallorca Pass kommt man vielerorts günstiger rein.

UNTERWEGS
MIT DEM BUS – Das Busnetz auf Mallorca zu den wichtigsten Städten und Dörfern ist recht gut ausgebaut. Mehr Informationen bieten EMT (www.emtpalma.cat/de/linien-fahplane; für Palma und Umgebung) und TIB (www.tib.org/de/web/ctm).

MIT DEM MIETWAGEN – Mit einem Mietwagen kannst du die Insel wunderbar auf eigene Faust erkunden. Eine Online-Buchung im Vorfeld ist in der Regel günstiger, als den Leihwagen erst vor Ort anzumieten. Schnäppchen mit Vollkasko-Versicherung gibt es bereits ab 20 Euro pro Tag. Mietwagenstationen gibt es am Flughafen und in dessen Nähe.

GRÜN & FAIR – Du willst beim Reisen deine CO_2-Bilanz im Hinterkopf behalten? Dann kannst du deine Emissionen kompensieren (atmosfair.de; myclimate.org), deine Route umweltgerecht planen (routerank.com) oder auf Natur und Kultur (gate-tourismus.de) achten. Mehr über ökologischen Tourismus erfährst du hier: oete.de (europaweit), german watch.org (weltweit).

OBSZÖNE GESTEN – Der gehobene Daumen ist in Spanien eine schwere Beleidigung. Und wer ein O mit den Fingern formt um zu signalisieren, dass etwas Ok ist, beleidigt sein Gegenüber, eine Null zu sein.

Urlaubs-Spanisch

ja / nein / vielleicht	sí / no / a lo mejor
bitte / danke	por favor / gracias
Gern geschehen!	¡De nada!
Entschuldigung. (a. s. aufmerksam machen)	Perdone.
Verzeihung! (durchs Gedränge kommen)	Disculpe!
Gute(n) Morgen / Abend / Nacht	Buenos días / Buenas tardes / noches
Hallo / Tschüss	Hola / Adiós
Wie geht's dir?	¿Cómo estás?
Gut / Geht so / Schlecht	Bien / pasable / Estoy mal
Ich heisse … / Wie heisst Du?	Me llamo … / ¿Cómo te llamas?
Ich möchte …	Yo quisiera …
… ein Bier	… una cerveza
… ein Glas Wein	… una copa de vino
… eine Zigarette	… un cigarrillo
… einen Kurzen	… un alcohol fuerte
Was kostet das?	¿Cuánto cuesta?
Ich bin betrunken.	Estoy borracho.
Bekomme ich deine Nummer?	¿Me das tu número?
Willst du mit mir tanzen?	¿Quieres bailar conmigo?
Wo finde ich …?	¿Dónde puedo encontrar …?
Idiot	Idiota
Ich möchte zahlen, bitte.	Quiero pagar, por favor.
Das habe ich nicht verstanden.	Eso no lo he comprendido.
Küss mich!	Bésame!
Ich liebe dich!	Te quiero!

REISE-KNIGGE

UNBEDINGT VERMEIDEN!

Auf keinen Fall solltest du …

… einfach ins Meer hinausschwimmen. Unterströmungen können es schwierig machen, zurück an Land zu gelangen.

… Wasser vergeuden, denn die Grundwasservorräte sind ausgeschöpft, Entsalzungsanlagen nicht umweltfreundlich.

… Quallen berühren. Die Glibbertiere können brennende rote Quaddeln auf der Haut verursachen.

… auf der Restaurant-Terrasse oder beim Gehen auf öffentlichen Wegen rauchen – das ist verboten!

… im Hinterland kein Wort Spanisch oder Mallorquin sprechen. Wer einfach auf Deutsch losplappert, erntet beleidigte Blicke.

… getrennt bezahlen. Dafür gibts kein Verständnis! Entweder die Summe ganz bezahlen oder durch die Anzahl der Esser teilen.

… unvorbereitet ins Gebirge. Erst Wanderschuhe, Sonnenhut, -creme und ausreichend Wasser eingepackt, dann los. Und zwar mit Führer (Mensch oder Buch)!

… mit Badebekleidung in den Bus oder Geschäfte. Nach den hiesigen „Benimmregeln" sind Saufgelage, Ruhestörung und Busfahren in Bikini oder Badehose tabu.

STELL DIR VOR:
DU HIER!

MALLORCA
Palma

Eine bezaubernde Altstadt mit historischen Bauten, engen Gässchen und schönen Plätzen, eine lange Hafenpromenade samt schaukelnder Boote, kulinarische Highlights in Restaurants, Cafés und den Markthallen – die hübsche Hauptstadt der Baleareninsel hat Besucher:innen viel zu bieten! Ein weiterer Pluspunkt in der Stadt am Mittelmeer: Zahlreiche Attraktionen lassen sich gut zu Fuß erkunden und miteinander verbinden.

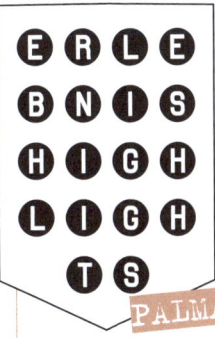

ERLEBNIS HIGHLIGHTS

PALMA

> **DAS LICHTSPIEL IN LA SEU GENIESSEN**

> **IN DIE GESCHICHTE EINTAUCHEN**

> **AM HAFEN PROMENIEREN**

> **IN DER MARKTHALLE SPEZIALITÄTEN PROBIEREN**

> ....

> ....

> ....

Erstaunlich,
wunderschön
und lebhaft!

Palma

SEHENSWERTES

1 PALMA ALTSTADT
2 KATHEDRALE LA SEU
3 WUNDERSCHÖNE JUGENDSTIL-FASSADEN
4 PALAU DE L'ALMUDAINA
5 BANYS ÁRABS
6 CASTELL DE BELLVER
7 HIPPIEVIERTEL SANTA CATALINA

DIE TIPPS 9, 10, 11 UND 17 FINDEST DU AUF DER BEILAGENKARTE.

⭐ HAFEN VON PALMA

⑨ PALMA JUMP

⑩ SURFEN UND STAND-UP-
   PADDELN

⑪ BUGGY-TOUR

⑫ SPAZIERGANG AN DER
   PLAYA DE PALMA

⑬ FAHRT MIT DEM ROTEN
   BLITZ

PARKS

⑭ PARC DE SA FEIXINA

⑮ PARC DE LA MAR

⑯ S'HORT DEL REI

⑰ JARDINS DE MARIVENT

ESSEN & TRINKEN

⑱ SANTINA BRUNCH & MORE

⑲ CLARO

⑳ MISE EN PLACE

㉑ MAMA CARMEN'S

㉒ L'AMBIGÚ PALMA

SHOPPING

⭐ MERCAT DE L'OLIVAR

㉔ PASSEIG LA RAMBLA

㉕ PASSEIG DEL BORN

㉖ SEATTLE VINTAGE STORE

SEHENSWERTES

1. PALMA ALTSTADT

Die Altstadt ist ein wahres Kunstwerk. Jede kleine, verwinkelte Gasse bringt Magie in das wunderschöne Viertel. Historische Innenhöfe und malerische Straßen tragen ihren Teil dazu bei, zudem warten zahlreiche Sehenswürdigkeiten wie die Kathedrale und der Königspalast.

Palmas Plätze, wo du in schönen Cafés Kaffee trinken und Leute beobachten kannst, darfst du natürlich auch nicht verpassen. Die Plaza Major mit ihren Restaurants und Bars versprüht neben aller Lebendigkeit irgendwie auch eine gewisse Feierlichkeit, wenn man gemächlich darüber schlendert. Außerdem gibt es viele Shoppingmöglichkeiten in der Nähe. Wenn du

In der Altstadt gibt es Foto-Spots ohne Ende. Die Alleen mit Palmen bei der Kathedrale und die verzweigten Gassen sind z. B. großartige Motive. Die große Treppe neben dem schönen Café Cappuccino eignet sich auch perfekt, um Fotos zu machen.

etwas zum Anziehen suchst, wirst du garantiert z.B. in der Calle Sant Miguel fündig.

Auf Mallorca gibt es viele wunderschöne Gebäude, das Rathaus an der Plaça de Cort gehört unbedingt dazu. Davor auf dem Rathausplatz steht ein uralter Olivenbaum, der oft fotografiert wird. Und die Plaça de Llotja ist ein entzückender Marktplatz mit einer tollen Kulisse.

Pl. Major, s/n, 07003 Palma

2. KATHEDRALE LA SEU

Mitten in Palma mit Sicht auf das Meer steht die atemberaubende Kathedrale Palmas, die „La Seu" genannt wird. Auf Mallorca ein absolutes Muss, das Wahrzeichen von Palma imponiert bei Tag und bei Nacht!

Rund 110 m lang ist das Hauptschiff, 80 m hoch die Kathedrale, 14 Säulen ragen drinnen auf. Kunstwerke schmücken dieses architektonische Juwel, darunter ein Leuchter von Gaudì über dem Hauptaltar und die ungewöhnliche Gestaltung der Petruskapelle. Die große 15 Tonnen schwere Keramikarbeit hat der moderne Künstler Miquel Barceló geschaffen. Ein Highlight ist die goti-sche Rosette mit ihrem Lichtspektakel. Fällt Sonnenschein durch das große, runde Buntglasfenster (Durchmesser: 11,5 m) erstrahlt die Kirche besonders hübsch in verschiedenen Farben und die Atmosphäre ist magisch. Insbesondere morgens ist das natürlich ein wunderbares, farbenprächtiges Erlebnis (beachte aber die Zeiten der Gottesdienste).

Im Sommer bietet sich dir außerdem die Möglichkeit, im Rahmen einer Führung auf die Dachterrasse der Kathedrale zu steigen. Die Aussicht von hier oben auf Palma und das Meer ist einfach spektakulär!

Plaça de la Seu, s/n, 07001 Palma | Offizielle Website: catedraldemallorca.org

FOTO TIPP FOTO TIPP FOTO TIPP FOTO

Die Kathedrale steckt voller Foto-Spots: Ein Selfie vor dem mächtigen Bauwerk gelingt immer, und die Springbrunnen machen sich mega auf Bildern. Das Meer fängst du am besten von den Südterrassen ein.

BUCKET LIST
Kathedrale la Seu

So viele Motive für geniale Fotos.
Welches ist dir am besten gelungen?
Kleb' es hier ein.

Kathedrale la Seu

Mache ein Bild von ganz unten nach oben, damit du so viel wie möglich von den Jugendstilfassaden auf dein Foto bekommst.

FOTO TIPP FOTO TIPP FOTO TIPP FOTO TIPP FOTO

3. WUNDERSCHÖNE JUGENDSTILFASSADEN

Der Modernisme Catalá, der katalanische Jugendstil, kommt an einigen Fassaden in Palma eindrucksvoll zur Geltung. Sie sind echte Hingucker.

CAN FORTEZA REY

Farbige Mosaike aus Keramik, Fenstergitter aus Schmiedeeisen und Schmuckelemente: Das Haus Can Forteza Rey fällt gleich ins Auge. Auch das Gebäude Almacenes L'Aguila daneben ist ein Jugendstil-Highlight.

Plaça del Marquès del Palmer, 1, 07001 Palma

GRAN HOTEL

Eine der hübschesten Fassaden der ganzen Stadt hat das Gran Hotel an der Plaça Weyler, das sogar zum UNESCO-Weltkulturerbe gehört und mittlerweile zu einer Kulturinstitution geworden ist. Erbaut wurde es von 1901 bis 1903 von Lluís Domènech i Montaner, Mitbegründer und einer der wichtigsten Vertreter des Jugendstils.

Plaza de Weyler, 3, 07001 Palma

EDIFICI CASASAYAS

An der Plaça de Mercat stehen die Edifici Casasayas mit ausgefallenen, dynamischen Jugendstilfassaden. Der Architekt der beiden Häuser war Francesc Roca.

Costa de Can Santacília, 8, 07001 Palma

PALMA

4. PALAU DE L'ALMUDAINA

Der Königspalast La Almudaina befindet sich direkt neben der wunderschönen Kathedrale von Palma und ist nicht nur Sitz der Militärkommandantur, sondern auch eine der offiziellen Residenzen der spanischen Königsfamilie. Trotzdem können einige Bereiche des Palasts besichtigt werden, wobei sich vor allem die Königsgemächer und die königliche Kapelle Santa Ana mit einem Portal aus Marmor lohnen.

Die öffentlich zugänglichen Zimmer sind pompös ausgestattet: mit wertvollen Wandteppichen, Gemälden, Wappen, Kassettendecken und Möbeln. Vom Arkadenbalkon eröffnet sich Besucher:innen eine herrliche Aussicht.

Übrigens: Mittwochs und sonntags ist von 15 bis 18 Uhr der Eintritt in diese Top-Sehenswürdigkeit von Palma kostenlos.

Carrer del Palau Reial, s/n, 07001 Palma

FOTO TIPP FOTO TIPP FOTO TIPP FOTO

LOW $ BUDGET

Der Königspalast ist ein guter Foto-Spot. Vor dem großen Eingangsbereich kannst du tolle Insta-Bilder machen!

5. BANYS ÀRABS

Mitten in der Stadt, in einer kleinen Gasse, ganz in der Nähe der Kathedrale, findet man die Banys Àrabs. Wer etwas für Geschichte übrig hat, sollte sich diese nicht entgehen lassen.

Die arabischen Bäder wurden im 10. bis zum 12. Jahrhundert erbaut und haben einen hohen kulturellen Stellenwert, da sie eine der wenigen Hinterlassenschaften der maurischen Architektur auf Mallorca sind. Beispielsweise zeigen sie, wie fortschrittlich die damalige Badekultur war.

Von den Bädern sind heute nur noch ein Caldarium (Heißbad), ein Tepidarium (Warmbad) und der Hauptsaal erhalten. Interessant ist vor allem Letzterer. In der Kammer tragen zwölf Säulen eine Kuppeldecke, in die sechs runde Öffnungen eingelassen wurden. Der Dampf, der dank einer Art unterirdischem Heizsystem zustande kam, konnte auf diese Weise entsteigen.

Auch wenn die Attraktion, die vermutlich ein privates Dampfbad war, nicht groß ist, hat die Atmosphäre wirklich etwas Besonderes, und Zauberhaftes!

Carrer de Can Serra, 7, 07001 Palma

BUCKET LIST

Banys Àrabs

Wie schön das Bad zu seiner Zeit aussah kann man sich nur in der Phantasie ausmalen – oder einfach hier in diesem maurischen Mosaik.

Das Castell de Bellver bietet super Foto-Motive. Entweder posierst du vor der imposanten Festung oder du stellst dich in die doppelte Bogengalerie des Innenhofs (ein beliebtes Insta-Motiv).

6. CASTELL DE BELLVER

Ein wenig Geschichte schadet nie, oder? Besichtige deshalb die gotische Festung, die sich auf einem Hügel über Palma erhebt. Das Besondere und Einzigartige an ihr: Sie ist rund! Und von hier hast du eine sensationelle Aussicht auf das Häusermeer der Innenstadt, auf den Hafen und die Gebirgskette Serra de Tramuntana. In der Abenddämmerung ist es hier noch zauberhafter.

Im Inneren der Burg kann man das Museum für Stadtgeschichte sowie ein paar Säle und die Hofküche angucken, der Innenhof wird an Sommerabenden für Konzerte genutzt.

Die Rundfestung aus dem 14. Jahrhundert liegt an einem 150 ha großen Wald mit Kiefern und Olivenbäumen. Die Einheimischen kommen gern hierher, und du kannst hier schön picknicken!

Carrer Camilo José Cela, s/n, 07014 Palma

7. HIPPIEVIERTEL SANTA CATALINA

Dieses ehemalige Fischerdörfchen ist zu einem der wunderschönsten Viertel auf Mallorca mutiert! Es ist eine tolle Gegend, egal wo man hinsieht. Malerische Häuser mit begrünten Balkonen, kleine Gässchen und sogar eine echte mallorquinische Windmühle gibt's in dem beliebten Stadtteil. In den Boutiquen lässt es sich toll shoppen, in den Bars und Clubs pulsiert das Nachtleben. Santa Catalina sticht außerdem kulinarisch hervor: Im Herzen des charmanten Viertels wartet Palmas ältester Markt, der Mercat de Santa Catalina. Um den Gourmet-Tempel herum finden sich kleine Cafés, und die Restaurants bieten allerlei Länderküchen an – Santa Catalina ist ein Muss für Foodies. Ein weiterer Pluspunkt: die zentrale Lage. Die Sehenswürdigkeiten und das Meer sind nicht allzu weit weg.

Santa Catalina, Palma

Von wegen Ballermann! Das kleine Szeneviertel Santa Catalina strahlt sogar ein bisschen Hippie-Flair aus.

8. HAFEN VON PALMA

So viele Boote! Auf 3½ km liegen sie dicht an dicht beieinander – da zweifelt man keine Sekunde daran, dass der Hafen von Palma der größte der Balearen ist. Ungefähr 3700 Liegeplätze sollen im Port de Palma zur Verfügung stehen. Riesige Kreuzfahrtschiffe laufen den Hafen an, Fährschiffe bringen Passagiere zu anderen Baleareninseln, nach Valencia und Barcelona, teure Yachten strahlen puren Luxus aus. Llaüts (traditionelle Boote auf Mallorca und Menorca), Segel- und Motorboote dürfen auch nicht fehlen.

Möchte man den Hafen mit der palmengesäumten Promenade besuchen, ist man von der Kathedrale aus sehr schnell hier. Die Hafenpromenade ist den ganzen Tag über schön zum Spazierengehen, leider gibt es wenig Schatten, also am besten morgens oder abends kommen. Egal wann, hier bekommt man wunderbar den Kopf frei. Du kannst auch eine Runde joggen, ein Boot leihen oder – wenn deine Füßen eine Pause brauchen – eine Hafenrundfahrt machen. Oder du genießt in einer der Bars einen Aperol. Parkplätze sind reichlich vorhanden.

Disseminat Aparcamiento Sector H, 9, 07012 Palma

BUCKET LIST
Hafen von Palma

Hier gibt es vieles womit man sich die Zeit vertreiben kann.
Wofür hast du dich entschieden?

Spazieren gegangen

Eis geg

Bootsfahrt gemacht

Cocktail getrunken

Viel zu viele Fotos geknipst

Etwas gegessen

Freitagabends wird umgeräumt. Dann gibt's hier Hüpfpartys mit DJ und Discobeleuchtung.

9. PALMA JUMP

Regnet es oder ist es draußen so heiß, dass man keine Lust auf Sightseeing hat? Dann ab in die einzigartige Indoor-Sprunganlage Palma Jump! An jedem Tag in der Woche kannst du hier auf 57 Trampolinen hüpfen und jede Menge Attraktionen ausprobieren. Airbags (um Tricks zu perfektionieren), Slacklines, ein Ninja-Parcours mit Hindernissen (zum Klettern, Schwingen, Hangeln und Springen), Slamdunks, Dodgeball und mehr – hier warten Spaß, Nervenkitzel, Adrenalinkicks und Bewegung in einem!

Den Indoor-Trampolinpark dürfen übrigens Kinder und Erwachsene nutzen, Zuschauer:innen können von der Tribüne aus dem Sprungspektakel zugucken. Und dank der Cafeteria kann man sich problemlos stärken.

C/ textil, 3, Son Valentí, solar, 33, 07011 Palma

10. SURFEN UND STAND-UP-PADDELN

Die BonaOna Surfschool eignet sich perfekt für die ersten Surfstunden. Sie ist in Can Pastilla ansässig, einem guten Surf-Spot für Anfänger:innen: Die Wellen sind niedrig, das Gewässer ist harmlos, seicht und ruhig, der Strand sandig und die Wassertemperatur mild. Außerdem wird in kleinen Gruppen geübt.

Wer's etwas gemächlicher mag, kann bei BonaOna auch einen Kurs im Stand-up-Paddeln machen, Geübte können sich hier Paddleboards leihen. Zu der Surfschule in Strandnähe gehört ein tolles Café, in dem viele der Wassersportler:innen gern etwas Zeit verbringen. Während man sich gesunde Snacks schmecken lässt, genießt man den reizenden Ausblick über die Bucht und kann sich etwas von den erfahreneren Surfer:innen abschauen.

Carrer dels Palangres, 7, 07610 Can Pastilla

> TIPP
>
> Du kannst auch an Ausflügen der BonaOna Surfschool teilnehmen. Zur Auswahl stehen eine Höhlen-Tour mit dem Kajak oder Sonnenuntergang-Trips (ebenfalls mit dem Kajak oder mit dem SUP).

Hier kannst du einen Yogakurs machen, um deine Flexibilität und Atemtechnik beim Surfen zu verbessern.

Während einer kleinen Fahrpause, lassen sich mit den Buggys auch super Erinnerungsbilder machen.

FOTO TIPP FOTO TIPP FOTO TIPP FOTO

11. BUGGY-TOUR

Einer der neuesten Trends auf Mallorca sind Buggy-Touren, bei denen du die Insel mal auf eine ganz andere Art erleben kannst. Die offenen, kleinen Fahrzeuge sind on- und offroad schnell unterwegs, eine Fahrt mit einem von ihnen verspricht Spaß, Adrenalin und Action!

Es gibt mehrere Buggy-Tour-Anbieter auf Mallorca, die unterschiedliche Routen im Programm haben. Adventure Tours Mallorca ist einer von ihnen. Seine ca. dreistündige, abwechslungsreiche Tour mit Guide führt nach Llucmajor und Randa. Dabei düst man in den Buggys über eine unbefestige Straße, durch Serpentinen, entlang der schönen mallorquinischen Natur und hinauf zum Kloster von Randa mit einer atemberaubenden Panoramasicht.

Die einzigen Vorraussetzungen für die Teilnahme an einer Buggy-Tour: Du musst mindestens 21 Jahre alt sein und einen Führerschein haben. Dann heißt es: Gas geben!

Carrer de Can Calafat, Poligono Industrial, Carrer Son Oms, 60, 07199

12. SPAZIERGANG AN DER PLAYA DE PALMA

Man könnte ja denken, die Playa de Palma wäre nicht besonders gepflegt, aber hier ist es super sauber und sie ist einer der schönsten und längsten Strände Mallorcas. Klar, du kannst hier schon einmal auf eine Schnapsleiche vom Ballermann stoßen (der partyfreudige Balneario 6 ist einer der hiesigen Strandabschnitte). Die Polizei schaut hier aber regelmäßig nach dem Rechten. Pass trotzdem gut auf deine Tasche auf!

Apropos Ballermann: Man muss den guten, alten Ballermann mal gesehen haben, bevor man urteilt. Hier feiert man ganz ungeniert. Anders, als die meisten denken, ist der Ballermann nicht nur zum „Ballern" da. Vielmehr kannst du hier auch einfach 'ne geile Zeit mit deinen Freunden haben, sofern man die Musik mag und gern mal etwas tiefer ins Glas schaut.

Platja de Palma, Palma; Carrer del Pare Bartomeu Salvà, 6, 07600 El Arenal

Keine Lust auf einen Spaziergang? Leih dir ein Fahrrad und fahre an der Promenade entlang!

TIPP

An der „Schinkenstraße" ist der beliebte Bierkönig mit die erste Anlaufstelle für Partyurlauber. Es warten Musik, Auftritte von Promis und Sportübertragungen.

FOTO TIPP FOTO TIPP FOTO TIPP FOTO TIPP

Mega-Foto-Spot, wenn die kleine Bahn durch die Straßen fährt!

13. FAHRT MIT DEM ROTEN BLITZ

Wenn die kleine Bahn, bekannt als der „Rote Blitz", durch die Straßen fährt, kannst du ein mega Foto machen. Aber eine Runde von Palma nach Sóller durch das schöne Gebirge ist ebenfalls zu empfehlen. Los geht die einstündige nostalgische Fahrt mit der historischen Schmalspurbahn, die bereits 1912 in Betrieb genommen wurde, im Bahnhof an der Carrer Eusebi Estada (nahe Palmas Plaça Espanya). Der Tren de Sóller legt ca. 27 km Strecke zurück und durchquert die großartige Landschaft von Mallorca. 13 Tunnel, Brücken, ein Viadukt und Plantagen werden passiert, während man auf Holzbänken in alten Waggons die ratternde Bahnfahrt genießt. Ein Halt wird übrigens auch am Aussichtspunkt Mirador del Pujol d'en Banya gemacht.

Plaça d'Espanya, 07002 Palma

PARKS

14. PARC DE SA FEIXINA

Egal, ob nach einem langen Shoppingmarathon durch die Stadt oder zwischendurch beim Sightseeing: Der kleine, beliebte Park bietet Ruhe, Entspannung und Abkühlung an heißen Tagen. Ideal für eine Pause!

Du stößt zwischen dem Viertel Santa Catalina und dem Kunstmuseum Es Baluard auf ihn, die Uferpromenade verläuft ganz in der Nähe. Auch die Einheimischen und viele Skater:innen verbringen in dem langgestreckten Park mit Wasserfontänen, Bänken und Grünflächen gern ihre Zeit.

Bei dem großen Spielplatz, der ähnlich wie ein Schloss gestaltet wurde,

befindet sich das Café Poupette. Hier kannst du dich von morgens bis abends immer stärken, ab 16 Uhr sind Snack-Menüs bestellbar.

Avinguda de l'Argentina, s/n, 07011 Palma

TIPP

Du findest tolle Foto-Spots im Parc de Sa Feixina. Wenn du den Park verlässt, kannst du auch super Bilder bei der daneben gelegenen Brücke machen.

TIPP

Kostenlose Führungen auf Deutsch von Mallorca Freetour: Die zweistündigen Freewalking-Touren starten Sa & So um 11 Uhr vor der Touristeninformation im Parc de la Mar (Reservierung notwendig; Trinkgeld erwünscht).

15. PARC DE LA MAR

Zwischen der Kathedrale La Seu und dem Meer erstreckt sich der wunderschöne Parc de la Mar.

Ein Spaziergang an der alten Stadtmauer ist den ganzen Tag über schön, aber vor allem bei Sonnenaufgang und abends – wenn die Kathedrale beleuchtet wird – sind Sicht und Stimmung besonders prächtig.

Beim Umherschlendern durch den Park fällt der Blick auf die imposante Kathedrale, auf Palmen und Skulpturen, auf die glänzende Bucht und den großen wunderschönen Salzwassersee, der künstlich angelegt wurde und in dessen Mitte eine Wasserfontäne aufsteigt. Ein Blickfang ist auch die blaue Wandkeramik des Künstlers Joan Miró.

Der Parc de la Mar wird oft als Location von Veranstaltungen, Konzerten und Festen genutzt, und im Sommer gibt es hier ein Open-Air-Kino – schau mal vorbei!

Parque del Mar, Palma

16. S'HORT DEL REI

Wunderschön zum Spazierengehen und ein mega Foto-Spot – das ist der S'Hort del Rei.

Der katalanische Name des Parks wird mit „Obstgarten des Königs" übersetzt, und genau so sieht es dort auch aus. Ein hübscher Brunnen erstreckt sich durch den königlichen Garten und verleiht ihm eine tolle Atmosphäre. Orangenbäume, Laubengänge, Zypressen, Sträucher, Palmen und Akazien sorgen für Schatten und machen den Park zu einem kleinen grünen Paradies. Zwei Schwäne gleiten gemächlich übers Wasser, ein historischer Mauerbogen spannt sich darüber.

Neben Springbrunnen und Teichen schmücken auch Skulpturen den gepflegten öffentlichen Park beim Almudaina-Palast. Drei wichtige Werke stammen von den Künstlern Alexander Calder, Josep Maria Subirachs und Llorenç Rosselló. Zeit, sie in der Grünanlage zu entdecken und dort zu relaxen!

Av. d'Antoni Maura, 18, 07001 Palma

Dieses schattige Plätzchen kann im Sommer ein echtes Refugium sein!

17. JARDINS DE MARIVENT

Zwischen Blumenbeeten und Bäumen Kunstwerke von Joan Miró bestaunen? In Cala Major geht das, und zwar in einem Garten, der zur Sommerresidenz der spanischen Königsfamilie gehört! Seit Mai 2017 ist nämlich ein kleiner Teil der Jardins de Marivent für die Öffentlichkeit zugänglich, der Eintritt ist sogar frei! Nur wenn sich die Königsfamilie auf Mallorca aufhält – etwa zu Ostern und zwei Monate lang im Sommer –, kann man die Grünanlage nicht besuchen. Bist du jedoch in der übrigen Zeit gerade in der Nähe des Marivent-Palasts, kannst du noch durch die gepflegten königlichen Gärten schlendern, die zahlreichen zumeist heimischen, Pflanzenarten begutachten und die zwölf Bronzeskulpturen des katalanischen Künstlers anschauen.

Wer noch mehr über Miró und seine Kunst wissen möchte, kann der Fundació Pilar i Joan Miró a Mallorca einen Besuch abstatten. Das Museum mit Mirós Atelier liegt fußläufig nur ca. 10 Minuten entfernt.

Avinguda de Joan Miró, 229, 07015 Palma

Lustwandeln in königlichen Gärten – die Miró-Skulpturen werden auf Englisch erklärt.

LOW $ BUDGET

Healthy Food für jede Tageszeit. Santina ist immer eine gute Wahl – auch wenn es manchmal voll werden kann. Aber in dem Fall nimmt man das leckere Essen einfach mit!

ESSEN & TRINKEN

18. SANTINA BRUNCH & MORE

Das hübsche Eckcafé gegenüber dem Mercat de Santa Catalina wirkt – auch wegen der zahlreichen Pflanzen drinnen und draußen – besonders einladend und verströmt ein gemütliches Flair. Und das ist auch das Ziel des Santina: Die Gäste sollen sich hier wirklich wie zuhause fühlen.

Gesundes Essen, inklusive vegetarischen, veganen und glutenfreien Auswahlmöglichkeiten, macht das Konzept hier mitten in Santa Catalina aus. Die Bowls, Wraps, Bagels und Co.

werden so schön angerichtet, dass man sie eigentlich gar nicht anrühren möchte. Die Berry Acai Bowl ist einfach grandios, genauso wie der vegane Bagel. Ich liebe es dort: So ein guter Service, und alle sprechen Deutsch, das macht die Kommunikation mit den Einheimischen und das Bestellen sehr viel einfacher. Du hättest gern etwas zum Mitnehmen? Wie wär's mit einem Cheesecake oder einem Karottenkuchen?

Carrer d'Annibal, 19, 07013 Palma

19. CLARO

Dieses Restaurant ist ein Muss, vor allem zum Brunchen. Die Pancakes

Probier' das mega leckere belegte Brot und die natürlichen Juice's im Claro.

20. MISE EN PLACE

Weiße und türkisfarbene Stühle, große Tafeln mit Handlettering, grüne Pflanzen, viel Holz – das Mise en Place ist super gemütlich. Es liegt an einer Ecke der Plaça Major und bietet sich gut für ein Frühstück oder einen Brunch an.

Zur Auswahl stehen Backwaren, Rühreier, Brote, Joghurt, Bowls und Kuchen. Neben Kaffee und Tee kann man auch Smoothies oder Säfte trinken. Im Sommer stärkt man sich auf der Terrasse, im Winter macht man es sich drinnen kuschelig – das charmante Café versprüht Wohnzimmer-Flair.

Carrer Miquel Santandreu, 16, 07006 Palma

21. MAMA CARMEN'S

Vor allem drei Dinge kennzeichnen das Mama Carmen's: bunte Bowls, üppige Toasts und zahlreiche Kaffeespezialitäten. Dabei kommen hauptsächlich Bio-Produkte zum Einsatz, das Brot stammt aus Handwerksbetrieben. Jede Menge vegetarische und vegane Optionen runden die gesunde Speisekarte ab – für was soll man sich da nur entscheiden?

Außerdem wird das Essen so schön präsentiert, dass man gleich ein Foto für Instagram machen möchte. Und auch der Kaffee ist was fürs Auge (und die Linse): Die Baristas zaubern großartige Kaffeevarianten, die sie mit Herzen, Mustern und Schwänen verzieren.

Hinzu kommen die Lage im Szeneviertel Santa Catalina und das

und Kaffees sind einmalig! Es gibt außerdem Bowls, Eier in verschiedenen Varianten, vegane Gerichte und mehr – alles aus hochwertigen, frischen Zutaten gemacht. Du kannst draußen oder drinnen sitzen. Ich sitze dort gern am Fenster und schaue den geschäftigen Menschen zu, während ich ganz gemütlich meinen Kaffee genieße.

Die Einrichtung um einen herum ist schlicht-schön, mit viel hellem Holz und recycelten Elementen. Perfekt für eine Auszeit zwischendurch!

Carrer d'Anníbal, 16, B, 07013 Palma

Industrial Design mit Vintage-Möbeln. Kein Wunder also, dass das stylishe Café (völlig zu Recht) so beliebt ist!

Es gibt noch eine zweite Filiale, die nicht weit entfernt liegt: An das Mama Carmen's – Coffee & Bakery (Carrer de Rossiñol 3a) ist der Bio-Laden La Despensa direkt daneben angeschlossen. Hier kann man die Produkte kaufen, die auch in den Cafés verwendet werden.

Carrer de Cervantes, 21, 07013 Palma

22. L'AMBIGÚ PALMA

Hier musst du mal gegessen haben! Versteckt hinter der Kirche Santa Eulàlia wartet L'ambigú gut gelegen mitten in der Stadt. Bei schönem Wetter lädt die ruhige, schattige Terrasse zum Entspannen ein, alterna-tiv kann man sich drinnen in dem kleinen Lokal einen Platz suchen. Zu essen gibt's „Soul Food", verschiedene Tapas und international inspirierte Gerichte. Der unendlich leckere selbstgemachte Gazpacho ist ein Muss. Ihr könnt aber auch z.B. die schmackhaften Burger essen. Und wie wär's danach mit einem Nachtisch? Der Service ist übrigens schnell und aufmerksam, das Ambiente prima.

Carrer de la Carnisseria, 1, 07001 Palma

Eine Schale Gazpacho ist hier ein Muss!

SHOPPING

23. MERCAT DE L'OLIVAR

Hier, in der größten Markthalle der Stadt, kannst du so gut wie alles kaufen, von typisch mallorquinischen Produkten bis zu internationalen Delikatessen. Im Erdgeschoss gibt's Obst und Gemüse, in der großen Fischhalle ein Stück dahinter frische Meeresfrüchte und Fisch. Läuft man hier an den Ständen vorbei, steigt einem sofort der markante fischige Geruch in die Nase. Fleisch und Geflügel finden sich in der Abteilung ein Stockwerk höher, Wurst, Käse, Gewürze, Backwaren, Haushaltsartikel und mehr bekommt man natürlich auch. So versammeln sich jede Menge Stände unter einem Dach, die teilweise schon mehrere Jahrzehnte in der Markthalle aktiv sind.

Ergänzt wird die Produktvielfalt durch diverse andere Geschäfte und Restaurants. Dann ist da noch, in der ersten Etage, der Espai Gastronòmic – ein Bereich für Events wie Verkostungen und Kochkurse.

Eine Tatsache macht die Markthalle aber besonders authentisch: Im Mercat de l'Olivar an der Plaça Olivar lässt es sich nicht nur hervorragend einkaufen, man bekommt direkt einen Eindruck vom mallorquinischen Alltag. Die Leute treffen sich, reden, kaufen ein, essen Tapas, probieren Spezialitäten – am besten nachmachen.

Plaça de l'Olivar, s/n, 07002 Palma

Einkaufen in der superschönen Markthalle – und dann schlemmen!

FOTO TIPP FOTO TIPP FOTO TIPP FOTO TIPP

BUCKET LIST
Mercat de l'Olivar

Snack dich durch den Food-Tempel und bewerte die Leckereien:

MY FAVORITE SNACKS

NAME OF DISH	RATING
	☆ ☆ ☆ ☆ ☆
	☆ ☆ ☆ ☆ ☆
	☆ ☆ ☆ ☆ ☆
	☆ ☆ ☆ ☆ ☆
	☆ ☆ ☆ ☆ ☆
	☆ ☆ ☆ ☆ ☆
	☆ ☆ ☆ ☆ ☆
	☆ ☆ ☆ ☆ ☆

In dieser wunderschönen Shoppingmeile kommen Shopaholics voll auf ihre Kosten

TIPP
Im Winter wird die Allee übrigens wunderbar beleuchtet.

24. PASSEIG DE LA RAMBLA

Von der Carrer de la Riera nahe der Plaça Major zieht sich diese schöne Allee bis zur Via Roma. Platanen spenden der Fußgängerzone Schatten, während viele Händler:innen ihre farbenprächtigen Blumen präsentieren. In den Einkaufsstraßen rund um die Rambla werden Fashionistas fündig. Von der Allee aus ist man außerdem schnell beim Passeig del Born und der beliebten Shoppingmeile Avenida Jaime III. Frische Blumen, tolle Spots und immer was los – hier fühlt man sich immer geborgen.

Passeig e la Rambla, 07003 Palma

25. PASSEIG DEL BORN

Der Prachtboulevard Passeig del Born ist von Bäumen gesäumt und

zählt mit seinen historischen Gebäuden, den tollen Cafés und den Sphinxen auf Sockeln zu den hübschesten Straßen von Palma – er ist perfekt zum Schlendern und auch als Foto-Spot gut geeignet. Vor allem lädt die Flaniermeile jedoch zum Shoppen ein. Viele Designerläden wie Louis Vuitton, Bulgari und Rolex sind hier zu finden. Es gibt aber auch bekannte Ketten (z. B. Zara und H&M), ein Blick in die umliegenden Seitenstraßen mit den Boutiquen lohnt sich ebenfalls.

Passeig del Born, 07012 Palma

26. SEATTLE VINTAGE STORE

Vintage- und Secondhand-Liebhaber aufgepasst – hier gibt's einzigartige Mode! Die Kleidung, die der Seattle Vintage Store anbietet, wird nämlich direkt aus den USA importiert. Und die Secondhand-Auswahl ist riesig: Bandshirts, Converse-Schuhe, Levis-Shorts, Kleider, Crop-Tops, Accessoires wie Patches, Caps und Taschen… Das Stöbern macht Spaß, die Preise sind ein weiterer Pluspunkt! Geh auf Klamotten-Schatzsuche und vielleicht entdeckst du bald dein neues Lieblings-It-Piece unter den Sachen!

Der Seattle Vintage Store hat eine eigene Marke im Sortiment: Unter dem Label DRIFTER SOUL werden stylische T-Shirts und Merchandising-Produkte verkauft.

Carrer de Sant Elies, 4A, 07003 Palma

LOW $ BUDGET

MALLORCA
Westen

Der Nordwesten der Insel ist vom in weiten Teilen nur spärlich besiedelten Tramuntana-Gebirge geprägt. Hier gibt es wunderschöne, alte Bergdörfer, Fornalutx ist das wohl bekannteste. Im exklusiven Südwesten dagegen liegt mit Palma die Hauptstadt und das Herz Mallorcas. Mit kleinen Dörfern wie Banyalbufar, mit schicken Ferienorten, paradiesischen Stränden und wilden Küsten.

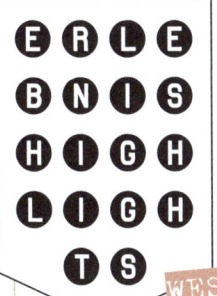

ERLEBNIS HIGHLIGHTS
WESTEN

> **SPEKTAKULÄRE AUTOFAHRT**

> **BILDERBUCHDORF AM PUIG MAIOR**

> **SUNSET-PICKNICK AM LOCHFELSEN**

> **ABGESCHIEDENE BUCHTEN, KLEINE STRÄNDE**

> ....

> ....

> ....

> ....

Glamourspots und Naturparadiese – der Westen hat beides.

Westen

SEHENSWERTES

27 SA CALOBRA
28 FORNALUTX
29 SOLLÉR
30 DEIÀ
31 MIRADOR DE SA FORADADA
★ VALLDEMOSSA
33 TORRE DES VERGER BANYALBUFAR
34 CALA BANYALBUFAR
35 SA DRAGONERA
36 PORT D'ANDRATX
★ DREI FINGER BUCHT: CALA DE PORTALS VELLS
38 PORTALS NOUS
39 PORT ADRIANO

PARKS

40 JARDÍ BOTÀNIC DE SÓLLER
41 JARDINES DE ALFABIA

ESSEN & TRINKEN

★ COCOS DELI
43 RESTAURANT NAMA
44 NENI MALLORCA
45 SA FORADADA
46 S'ESTRET
47 CAPPUCCINO VALLDEMOSSA
48 MURMUI ICE CREAM IN PORT SOLLÉR
49 RESTAURANTE ILLETA

SHOPPING

50 WOCHENMARKT VALLDEMOSSA

Früh am Morgen und etwa ab 18 Uhr ist der Andrang hier gering und der Genussfaktor steigt, auch beim Baden!

SEHENSWERTES

27. SA CALOBRA

Es soll sogar Einheimische geben, die sich bekreuzigen, bevor sie ihr Auto, beispielsweise von Alcúdia aus, zu einer etwa einstündigen Fahrt auf diese wilde Straße im Nordwesten Mallorcas steuern. Bei diesem Trip ist der Weg Teil des Erlebnisses: Die „Schlange" an der Tramuntanaküste windet sich über 12 km von einer atemberaubenden Aussicht zur nächsten. Schon als Autofahrer:in sollte man das mögen, als Radfahrer:in muss man schon wegen eines knapp 10 km langen schweren Anstiegs wirklich fit sein. Egal wie – hier bist du auf der vielleicht spektakulärsten Straße Mallorcas unterwegs. Auch die Wanderroute durch die Schlucht des Torrent de Pareis hierher ist durchaus anspruchsvoll, ab September ist der Weg durch die Schlucht sogar gefährlich, weil Regenfälle sie dann mehr oder weniger unpassierbar machen können.

Wie immer du ans Meer und zum Strand gelangst (wer mit dem Auto kommt, muss vom Parkplatz aus noch 20 Minuten laufen): In der kleinen Bucht angekommen hast du die Wahl zwischen zwei von schroffen Klippen gesäumten Stränden, die durch den Torrent de Pareis getrennt sind. Egal welche Seite du wählst – traumhafte Fotomotive gibt es hier zuhauf!

07315 Sa Calobra

28. FORNALUTX

Ein echtes Bilderbuchdorf, weit oben im Tramuntanagebirge, überragt von Mallorcas höchstem Berg, dem Puig Maior! Enge Gassen, Bruchsteinhäuser, Zitrusbäume, Gärten, Kopfsteinpflaster, Brunnen, Kneipen, Restaurants... Dieses Ensemble strahlt jede Menge Lebensfreude und ganz viel Charme aus!

Die Ursprünge des Dorfes, das du über den gebührenpflichtigen „Túnel de Sóller" erreichst, liegen mehr als 1000 Jahre zurück. Aus einem arabischen Gehöft wuchs nach der Wiedereroberung Mallorcas durch die Katalanen ab dem 13. Jahrhundert ein Dorf, dessen Struktur bis heute (bei mittlerweile immerhin 600 Einwohnern) sichtbar ist. Es gilt als eines der besterhaltenen historischen Dörfer Spaniens.

Aber das Dorf hat einiges mehr zu bieten als historischen Charme: Es ist auch ein beliebter Ausgangspunkt für Wanderungen und Mountainbike-Touren. Von hier kannst du leicht in die berühmte Langstreckenroute GR221, die sich über die gesamte Bergekette schlängelt, einsteigen. Die Route hat es aber in sich, also am besten einen Guide buchen!

Oder du machst es dir einfach nur gemütlich und lässt die Szenerie sowie das ruhige Treiben rund um die zentrale Plaça d'España von einem der Cafés aus, die den Platz säumen, auf dich wirken.

07109 Fornalutx

WESTEN

Fornalutx wird aufgrund seines speziellen Charmes oft als hübschestes Dorf Spaniens bezeichnet.

29. SÓLLER

Ebenfalls im Tramuntana-Gebirge liegt, etwa eine halbe Autostunde von Palma entfernt, das 14 000-Einwohner Städtchen Sóller. Zwischen den vielen hübsch herausgeputzten, blumengeschmückten Häusern, Cafés, Restaurants und Geschäften lässt es sich gut flanieren – Massentourismus gibt es hier praktisch nicht.

SANT BARTOMEU DE SÓLLER

Das Highlight hier ist aber die Kirche Iglesia de Sant Bartomeu an der wunderschönen Plaza de Constitució. Besonders eindrucksvoll ist die originelle Fassade mit ihrer riesigen Rosette – sie wurde zu Beginn des 20. Jahrhunderts von einem Schüler Antoni Gaudís, der u. a. die Sagrada Familia in Barcelona schuf, gebaut.

Plaça de sa Constitució, 1, 07100 Sóller

YACHTHAFEN SÓLLER

Sóller liegt aber nicht nur in den Bergen, sondern auch am Meer. Im Yachthafen kannst du z. B. bei Nàutic Sóller und SollerMar Boote und Kajaks leihen und viele Buchten und Höhlen ansteuern, die nur vom Meer aus erreichbar sind.

Calle de la Marina, 07108 Port de Sóller | www. nauticsoller.com/de, www.sollermar.com/de/

TIPP

Ein bisschen Nostalgie gefällig? Von Palma aus bringt dich die historische Schmalspurbahn „Tren de Sóller" in etwa einer Stunde nach Sóller, unterwegs kannst du ganz gemütlich die traumhafte Landschaft genießen.

Die Gassen von Sóller bieten auch großartige Fotomotive.

Yachthafen Sóller

FOTO TIPP FOTO TIPP FOTO TIPP FOTO TIPP

Die Sant Bartomeu eignet sich super als Hintergrund für ein kleines Insta-Shooting. Einfach die Kamera mit Selbstauslöser so auf dem Boden platzieren, dass möglichst viel vom Gebäude zu sehen ist.

Sant Bartomeu de Sóller

Fotos machen und etwas essen kannst du im Ca's Patró March in der Cala Deià.

TIPP FOTO TIPP FOTO TIPP FOTO TIPP FOTO

30. DEIÀ

Zog das bildschöne Bergdorf mit seinen verwunschen wirkenden Gassen und Treppen in den 1920er-Jahren vor allem Künstler:innen an, sind es heute wohlhabende Urlauber:innen, die in entsprechender Hotellerie und Gastro wohnen und speisen. Der Ort hat also seinen Charme, die Hauptattraktion hier ist aber der romantische Kiesstrand in der Bucht Cala Deià.

Von Deià aus erreichst du ihn zu Fuß oder nach 3 km Fahrt auf der Straße (frühzeitig kommen, Parkplätze sind rar!) Richtung Sóller. Der Strand ist keine 100 m lang, mit ihrem klaren, grünblauen, von weißem Schaum gekrönten Wasser gilt die winzige und felsige Bucht aber als eine der schönsten an der Serra de Tramuntana. Schwimmen, Schnorcheln, Tauchen, Stand-up-Paddling – hier geht alles, für das leibliche Wohl der meist zahlreichen Gäste ist gesorgt.

Die Klippen und die umliegende Landschaft laden zum Spaziergehen ein, viele Besucher:innen machen sich auch auf den Weg zu einem ehemaligen Piratenturm auf den Klippen.

Carrer Sa Cala, 16, 07179 Deià

PICKNICK-SPOT PICKNICK-SPOT

WESTEN

FOTO TIPP FOTO TIPP FOTO TIPP FOTO

Den Leuchtturm durch das Felsentor fotografieren – ein Super-Motiv!

31. MIRADOR DE SA FORADADA

Dieser Lochfelsen zwischen Sóller und Valldemossa, direkt an der Klippe gegenüber der Halbinsel Sa Foradada, lohnt einen Ausflug! Denn er ist ein geradezu perfekter Aussichtspunkt, besonders bei Sonnenuntergang! Du kannst ihn bequem mit dem Auto erreichen, auch auf dem Wasserweg von Sóller aus. Von hier aus hast du einen tollen Blick auf die Klippen mit dem bekannten Felsentor. Wenn du nicht allein unterwegs bist – es gibt keine bessere Szenerie für ein Sunset-Picknick als dieses Felsentor! Restaurants gibt's hier aber auch.

Ctra. de Valldemossa km. 65, 07179 Deià

32. VALLDEMOSSA

Einst war dieses Bergdorf auf 400 m Höhe Sommerresidenz des Königs, wegen des angenehmen Klimas kam er im Sommer gern hierher. Und dann sind da noch zwei Prominente, deren Geschichte hier immer wieder erzählt wird: Der Komponist Frédéric Chopin und die Schriftstellerin George Sand verbrachten hier im November 1838 eine schöne, wegen der Kälte aber auch ziemlich unbequeme Zeit; George Sand hat sie in „Ein Winter auf Mallorca" verewigt. Das Kloster „La Cartuja", in dem Chopin und Sand damals lebten, ist heute Touris-tenmagnet. Es beherbergt mehrere Museen, eine Apotheke, eine Biblio-thek, und eine mit Kunstschätzen ausgestattete Kirche, sogar Werke von Picasso und Miró sind hier zu sehen! In dem traumhaften Garten versteht man sofort, warum die Mön-che diesen Ort so schätzten. Aber auch das geradezu überschwänglich mit Blumen geschmückte Dorf mit seinem unglaublichen Charme und der hübschen, alten Pfarrkirche ist einfach wunderbar! Sonntags ist hier übrigens Wochenmarkt mit Schinken, Oliven, Wein …! Als Snack zwischen-durch die „Cocas de Patata" (Kartof-felkrapfen) probieren!

Kloster: Plaça Cartoixa, s/n, 07170 Valldemossa

FOTO TIPP FOTO TIPP FOTO TIPP FOTO TIPP

Wandere durch den historischen Ort und erkunde die engen, blumengeschmückten Gassen.

BUCKET LIST
Valldemossa

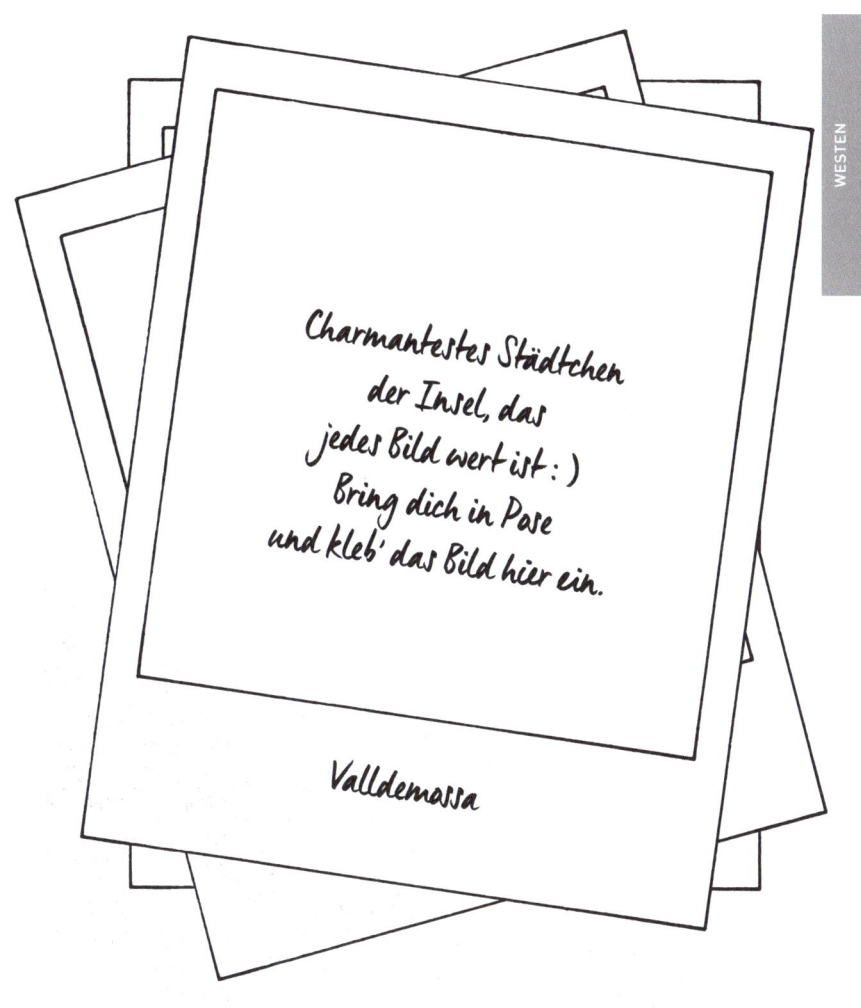

Charmantestes Städtchen
der Insel, das
jedes Bild wert ist :)
Bring dich in Pose
und kleb' das Bild hier ein.

Valldemossa

33. BANYALBUFAR

Dass das hübsche, hoch über dem Meer thronende, verwinkelte Städtchen Banyabulfar arabische Wurzeln hat, verrät schon der Name (dessen Bedeutung ist übrigens: Neben dem Meer gebaut). Seine Gassen winden sich zum Meer hinab – und laden so zu einem recht bequemen Spaziergang ein. Rund um den Ort sind jahrhundertealte, von Steinmauern umgebene Terrassenfelder in die Landschaft gegraben, die sozusagen stufenweise hinunter zum Meer und zur Küstenstraße führen.

An ihr steht westlich der Stadt auf einem Felsvorsprung der Wachturm Torre des Verger, eines der Wahrzeichen Mallorcas. Er ist einer von etwa 100 solcher in Sichtweite zum nächsten Turm stehender Wachtürme auf Mallorca, von denen man sich rechtzeitige Warnungen vor Piratenangriffen erhoffte. Dieser hier ist ein Mega-Foto-Spot!

07191 Banyalbufar

FOTO TIPP FOTO TIPP FOTO TIPP FOTO TIPP

Spektakulär direkt an der Steilküste – nicht nur bei Sonnenuntergang ein super Fotomotiv.

Hier gibt es viele tolle Steingebäude mit bunten Türen – ideal für ein kleines Shooting.

34. CALA BANYALBUFAR

Von Klippen und Bergen überragt liegt dieser kaum mehr als 100 m breite Strand unweit von Banyalbufar. Von hier aus fällt der Blick nicht nur aufs türkis- bis tiefblaue Meer, sondern auch auf in Terrassen angelegte Weinberge, Felder, Gärten und Villen, die am Hang über der felsigen Bucht thronen. Wer gern schnorchelt oder taucht, ist hier richtig. Für Sonnenanbeter:innen: Es lohnt nicht, früh zu kommen, wegen der hohen Berghänge erreicht das direkte Sonnenlicht den Strand erst gegen 11 Uhr.

07191 Banyalbufar

Besonders stimmungsvolle Fotos gelingen hier, wenn abends die Sonne hinter der Dracheninsel verschwindet.

FOTO TIPP FOTO TIPP FOTO TIPP FOTO TIPP

35. SANT ELM UND SA DRAGONERA

Das Schönste am kleinen, friedlichen und ein wenig verschlafenen Badeort Sant Elm, den man mit dem Auto in einer 20-minütigen Serpentinenfahrt erreicht, sind seine Beschaulichkeit – und der Blick auf die vorgelagerte Insel Sa Dragonera. Im Sommer ist sie von hier (und auch von Port d'Andratx) aus mit dem Shuttleboot in etwa 20 Minuten zu erreichen. Auf der langgezogenen, im Norden und Süden je mit einem Leuchtturm versehenen, streng naturgeschützten „Dracheninsel" mit Naturmuseum und drei Wanderwegen leben unzählige Eidechsen (denen die Insel wohl ihren Namen verdankt) und viele Vogelarten – mit etwas Glück kann man hier die impo-

TIPP

Wenn du – auch als Anfänger:in – die Unterwasserwelt um Port d'Andratx und Sa Dragonera erkunden möchtest, bist du im Tauchzentrum Diving Dragonera richtig. Mehr als 30 Tauchplätze stehen zur Wahl! www.aqua-mallorca-diving.com/tauchgebiete

santen Eleonorenfalken bewundern. Jahrhundertelang war die Insel ein Seeräubernest – wohl wegen der vielen Höhlen, in die sich die Piraten zurückziehen konnten.

Nach Sant Elm zurückgekehrt kannst du direkt am alten Hafen auf der Terrasse des Fischrestaurants Na Caragola deinen Hunger stillen – und einen wunderbaren Sonnenuntergang genießen!

07159 Sant Elm

36. PORT D'ANDRATX

Dieser kosmopolitische, an einer schönen, langen und natürlichen Bucht gelegene 3300-Einwohner-Ort, ist wirklich schön – auch wenn der größte Teil seiner Gebäude aus der zweiten Hälfte des 20. Jahrhunderts stammt. Er strahlt ein ganz spezielles, entspanntes Flair aus – hier begegnen sich Menschen verschiedener Kulturen und aller Altersgruppen, vor allem solche mit gut gefülltem Portemonnaie. Und das beschert dem lebendigen Ort eine ordentliche Portion Exklusivität. Hier kannst du tagsüber Sonne und Meer genießen, shoppen und gut essen, abends lockt ein lebendiges Nachtleben. Der Wohl-stand hier spiegelt sich besonders im Hafen mit seinen 500 Ankerplätzen für Ausflugs- und Sportboote, auch die teils exklusive Gastroszene lässt darauf schließen.

An der lebhaften Promenade mit vielen Lokalen direkt am Wasser kannst du abends frischen Fisch sozusagen direkt vom Fangboot kaufen.

07157 Port d'Andratx

Ein toller Foto-Spot ist das Studio Weil. Ein futuristisches Gebäude am Ende der Hafenstraße in Richtung La Mola. Leider nur noch von außen zu besichtigen aber super instagrammable.

FOTO TIPP FOTO TIPP FOTO TIPP FOTO TIPP

PICKNICK-SPOT PICKNICK-SPOT PICKNICK-SPOT

37. DIE DREI FINGER BUCHT: CALA DE PORTALS VELLS

Etwa 20 km südlich von Andratx verzaubert diese relativ abgeschiedene Bucht mit drei kleinen Sandstränden und türkisblauem Wasser, in dem es sich wunderbar schnorcheln lässt. Der nördlichste Strand ist die Platja del Rei. Das dortige Restaurant ist Anziehungspunkt für Yachten und Boote, sodass es dort mitunter recht trubelig zugeht. Der mittlere, die Platja del Mago, hat schon als Filmkulisse gedient und ist ein FKK-Strand. Der südlichste „Finger" ist der von Pinienwald gesäumte Strand Sa Caleta.

Und wenn du noch etwas anderes als Strand und Meer erleben möchtest: In der Nähe führt ein allerdings nicht ganz ungefährlicher Weg zur „Muttergottes-Höhle" mit einem uralten Steinaltar.

Cala Portals Vells

BUCKET LIST

Cala de Portals Vells

Der perfekte Ort für einen Strandtag! Lass dich von diesem Ort inspirieren.
Beschreibe beispielsweise, was dich gerade besonders glücklich macht,
zeichne das Panorama oder die Umrisse der Muscheln, die du beim Schnorcheln
gesehen hast.

WESTEN

38. PORTALS NOUS

Portals Nous ist eine zwischen idyllischen Buchten und von Pinien bedeckten Hügeln gelegene entspannte kleine Ortschaft, 12 km westlich von Palma und nur einen Katzensprung vom mondänen Yachthafen Puerto Portals entfernt – ein Glamourspot, an dem du die Superyachten der Ultrareichen bestaunen kannst. An der Carretera d'Andratx findest du Lokale, Boutiquen, einen Supermarkt und andere Geschäfte. Die meisten Badeurlauber:innen verbringen viel Zeit am etwa 100 m langen Sandstrand Platja de l'Oratori (oder Cala Portals Nous), wo du auch SUPs, Kajaks usw. ausleihen kannst. Der Klientel entsprechend findest du am Hafen einige erstklassige Restaurants.

Portals Nous

Auf dem Weg von den Restaurants in Richtung Strand eignet sich ein schöner Brunnen als Foto-Spot.

FOTO TIPP FOTO TIPP FOTO TIPP FOTO

Du möchtest gern selbst aufs Wasser? Wie wär's mit einem Jetski-Abenteuer? Ausleihen kannst du dein Gerät z. B. beim Adriano Jetski Verleih, Boote vermietet u. a. Best Boats Yacht Charter.

WESTEN

39. PORT ADRIANO

In Port Adriano, das zu dem Städtchen El Toro an der Südwestspitze Mallorcas gehört, ist der Luxus wirklich nicht zu übersehen: Der stylishe moderne Designhafen ist von Beton, Glas und Edelstahl geprägt und beeindruckt mit Megayachten, Edelrestaurants und vielen Shops, in denen der Geldadel zuhause ist. Kein Geringerer als der französische Stardesigner und -architekt der 1980er-Jahre, Philippe Starck, hat die Anlage ab 2006 gestaltet. Besonders auffallend ist das 250 m lange, weiße Gebäude an der Mole, in dem Boutiquen, Bars und Restaurants die örtliche Klientel anlocken. Wenn du also mal Einblicke in die Welt der Reichen und Schönen genießen möchtest – Port Adriano gehört zu den Topadressen dafür! Aber auch sonst ist ein Ausflug hierher ein wirklich ungewöhnliches Erlebnis: Allein der Blick auf die Luxusschiffe, die auf den Wellen tanzen, ist einfach toll!

Urbanización el Toro, s/n, 07180 El Toro

Wunderschön blühende Sträucher bieten tolle Hintergründe für deine Fotos.

PARKS

40. JARDÍ BOTÀNIC DE SÓLLER

Wenn dich die hiesige Pflanzenwelt interessiert, dann ist der botanische Garten am Ortsrand von Sóller (an der Straße nach Palma) ein unbedingt lohnendes Ziel: Hier werden Pflanzen von der Insel, aus dem Mittelmeerraum und von den Kanaren gezüchtet, gezeigt und erklärt, darunter auch seltene oder gar vom Aussterben bedrohte Spezies. Die beste Zeit für einen Besuch hier sind die Monate April, Mai und Juni, wenn alles sprießt und Knospen treibt. Durch den Garten führen sehr schön angelegte Wege. Am besten orientierst du dich an den vom Botanischen Garten vorgeschlagenen Routen – sie sind speziell auf die aktuelle Jahreszeit abgestimmt.

Ctra. Palma, Ma-10, Km 30,5, 07100 Puerto de Sóller

41. JARDINES DE ALFABIA

Wenn du auch nur ansatzweise einen grünen Daumen hast, musst du die wunderbaren Gärten in Bunyola im Tramuntana-Gebirge und das Landhaus von Alfabia unbedingt anschauen! Es ist wirklich ein paradiesischer Ort, den Mallorca den Arabern verdankt. Im 12. Jahrhundert schufen sie hier ein Bewässerungssystem, das die Pflanzenpracht bis heute nährt! Dieses System gehört zur Attraktion dazu: Wasserfälle und Teiche, Kaskaden und Fontänen machen diesen verwunschenen Ort zur Oase. Es gibt einen Säulengang, einen Palmengarten, ein Herrenhaus (u.a. mit einer arabischen Kassettendecke aus dem 12. Jahrhundert), Wasserspiele (aus dem 18. Jahrhundert) – alles sehr gepflegt und gut erhalten – ideal für einen ruhigen Tag im Schatten mächtiger Bäume.

Carretera Palma-Sóller, km 17, 07110

WESTEN

TIPP
Von Palma oder Sóller aus kannst du auch mit dem „Roten Blitz" gemütlich herfahren.

LOW $ BUDGET

FOTO TIPP FOTO TIPP FOTO TIPP FOTO

Wirklich einer der schönsten Foto-Spots auf Mallorca!

Die Gerichte im Cocos Deli sind nicht nur super lecker, sondern auch total instagrammable!

ESSEN & TRINKEN

42. COCOS DELI

Im kleinen, freundlichen Cocos Deli an der Hauptstraße in Portals Nous gibt's in relaxter Atmosphäre wirklich leckere und kreative Speisen und Getränke. Ganz gleich, ob du zum Frühstück, mittags oder abends kommst – in den Gerichten und Getränken hier stecken Kompetenz und Leidenschaft, die Preise sind moderat.

Die sympathische Mannschaft um Besitzerin Chloe Skye Ellen bereitet Speisen und Getränke wie pochierte Eier mit Avocado-Dip, Smoothie Bowls und frische Säfte zu. Außerdem gibt's einen täglich frisch bestückten Delikatessenkühlschrank. Alle Angebote sind sowohl zum Mitnehmen als auch für den Verzehr vor Ort. Vegane, gluten- und zuckerfreie Optionen sind erhältlich, aber auch Huhn und Fisch stehen regelmäßig auf der Speisekarte. Blue Matcha ist empfehlenswert und die Brote sind ultralecker.

Ctra. Andratx, 30, Local 7, 07181 Portals Nous | cocosdeli.es | @cocosdeli

BUCKET LIST
Cocos Deli

Kreativität und Expertise machen die Qualität der Leckereien in Cocos Deli aus. Schlemme und trinke dich durch die Speisekarte und gib ein Rating ab.

FOOD & DRINKS AT COCOS

NAME OF DISH	RATING
	☆ ☆ ☆ ☆ ☆
	☆ ☆ ☆ ☆ ☆
	☆ ☆ ☆ ☆ ☆
	☆ ☆ ☆ ☆ ☆
	☆ ☆ ☆ ☆ ☆
	☆ ☆ ☆ ☆ ☆
	☆ ☆ ☆ ☆ ☆
	☆ ☆ ☆ ☆ ☆

43. RESTAURANT NAMA

Ostasiatische Aromen in den mallorquinischen Bergen? Chefköchin Bonnie Han (Geburtsort: Singapur) und ihr serviceorientiertes Team können sie garantieren. Inspiriert wird ihre Küche durch Gerichte aus China, Singapur, Malaysia und Vietnam, die frischen Zutaten stammen von einheimischen Produzenten, Fischern und Bio-Bauern. Brot, Dumplings, Dim Sums, Baos und Nudeln werden selbstgemacht. Auch Veganer:innen werden hier – entweder drinnen oder auf der Terrasse mit Blick auf Gärten und Berge – genussvoll satt.

Carrer Arxiduc Luís Salvador 22, 07179 Deià | www.restaurantnama.com | @namadeia

Toller Ausblick, aber nicht gerade günstig!

FOTO TIPP FOTO TIPP FOTO TIPP FOTO TIPP FOTO

Neni

44. NENI MALLORCA

Orientalisch-israelisch-global speisen, auf der Dachterrasse, mit spektakulärem Blick auf die Bucht von Port de Sóller und das Tramuntana-Gebirge – das bietet auf Mallorca nur das NENI. Hier geht es ungezwungen und herzlich zu, gespeist wird an langen Tafeln, gemeinsam mit Familie und Freunden unter dem Motto „You are what you share".
Die Küche bietet Gerichte aus aller Welt. So kommen neben den Speisen und Gewürzen der orientalisch-israelischen Küche auch noch mediterrane Köstlichkeiten auf den Tisch.

Carrer de Migjorn, 2, 07108 Port de Sóller | @neni.mallorca | www.nenimallorca.com

45. SA FORADADA

Dieses kleine, einfache Restaurant ist berühmt für seine auf dem Holzkohlegrill gegarten Paellas, die man ebenso wie andere Gerichte der traditionellen mediterranen und mallorquinischen Küche hoch auf den Klippen bei einer frischen Brise mit Blick aufs Meer genießt. Das Lokal ist allerdings nicht ganz leicht zu erreichen: Hin

Im Cappuccino erlebst du eine total schöne Atmosphäre mitten in Valldemossa.

kommst du entweder per Boot oder bei einer Wanderung (ca. 40 Minuten) durch das Landgut Son Marroig. Am besten vorher reservieren!

Diseminado Sa Foradada, 2, 07179 Deià | restaurantesaforadada.com | @ saforadada

46. S'ESTRET

Nur einen Katzensprung abseits vom Massentourismus gelegen, ist dieses charmante Lokal *die* Adresse für Tapas in Valldemossa. Innen gibt es nicht viel Platz, draußen an der frischen Luft schmecken die köstlichen, liebevoll angerichteten Tapas aber auch! Hier bekommt man mit die leckersten Pimientos der Welt. Für mich ist es eins der besten Tapas-Restaurants auf der Insel!

Carrer de Jovellanos, 6, 07170 Valldemossa | @sestret

47. CAPPUCCINO VALLDEMOSSA

Cappuccino ist ein Gastro-Unternehmen mit Filialen auf Mallorca und dem spanischen Festland. Neben Kaffeespezialitäten, leckeren Kuchen und Eis werden hier auch herzhafte Snacks, Sandwiches, Pizzen, Omelettes und Salate serviert. Auch eine Cocktailkarte gibt es. Du hast also die Qual der Wahl.

Plaça Ramon Llull, 5, 07170 Valldemossa | www.cappuccino.com | @cappuccinograndcafe

48. MURMUI ICE CREAM IN PORT SÓLLER

Murmui ist eine Eisdielen-Kette mit zahlreichen Filialen, die auf Mallorca jedes Kind kennt. Und hier gibt es nicht nur – wie ich finde – Mallorcas' leckerstes Kugeleis in vielen Sorten, du kannst auch Waffeln und Pfann-kuchen sowie „dulces calientes",

warme Süßspeisen, genießen. Wenn dir also der Sinn nach Süßem steht – hier bist du richtig!

Carrer de la Marina, 32, 07108 Port de Sóller | www.murmui.com | @murmui_gelato

49. RESTAURANTE ILLETA

Vom Strand von Camp de Mar aus erreichst du das Restaurant auf dieser kleinen, felsigen Insel über einen Holzsteg. Schon die kaum zu toppende wunderschöne Lage mit Meerblick macht es zur Attraktion. Auch in der Filmbranche hat man das erkannt – für die Netflix-Serie „White Lines" wurde hier gedreht.
Die Speisekarte ist mediterran und spanisch geprägt, Paella gibt's sogar in vegetarischer Variante, gespeist wird im Freien.

Playa de Camp de Mar s/n, 07160 Camp de Mar | illeta.com | @restaurantelailleta

Atemberaubend bei Sonnenuntergang und als Fotomotiv: die Aussicht von der Terrasse des Restaurante Illeta

FOTO TIPP FOTO TIPP FOTO TIPP FOTO TIPP

Auch leckeres veganes Eis ist im Murmui im Angebot!

Wenn kein Markt ist. Mit seinen Kopfsteinpflastergassen, den Boutiquen und Cafés bietet Valldemossa ein perfektes „Schlender-Erlebnis".

SHOPPING

50. WOCHENMARKT VALLDEMOSSA

Sonntags von 9 bis 15 Uhr findet in Valldemossa auf dem Parkplatz neben dem Tourismusbüro ein Straßenmarkt statt. Eine farbenfrohe Angelegenheit und der ideale Ort, um hochwertige lokale Erzeugnisse zu erstehen, z.B. frisches Obst, Gemüse, Käse und spanischen Schinken, Kunsthandwerk, Textilien, Accessoires, Geschenke, Pflanzen und Blumen. Eine örtliche Spezialität gibt es auch: Probier eine Coca de Patata, eine typisch mallorquinische Süßspeise!

Venerable Sor Aina, 07170 Valldemossa

MALLORCA
Norden

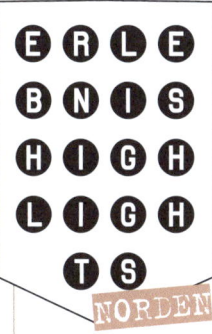

ERLEBNIS HIGHLIGHTS NORDEN

Der nördlichste Punkt Mallorcas zählt zu den schönsten: das Cap Formentor. Spektakuläre Serpentinenstraßen erschließen zahlreiche solche grandiosen Foto-Spots. Ursprüngliche Landschaften, kaum berührte Natur und die vielen zauberhaften Strände machen den Reiz des Nordens aus, ebenso wie alte Burgen, hübsche Städte und malerische Märkte.

> **AM KALVARIENBERG**

> **FANTASTISCHE AUSBLICKE**

> **CLIFF-JUMPING, KLETTERN, TREKKING …**

> **ALCÚDIA – ALTSTADT MIT TRAUMSTRAND**

> ....

> ....

> ....

> ....

Felslandschaften, Wälder, Strände und Meer

Norden

SEHENSWERTES

51 KALVARIENBERG
52 CANYONING & COASTERING
53 CALA SANT VICENÇ
54 CAP DE FORMENTOR
55 ALCÚDIA
56 PLAYA DE MURO

PARKS

57 PARC NATURAL DE L'ALBUFERA

ESSEN & TRINKEN

58 MANZANAS Y PERAS
59 CAN GAVELLA
60 ANITA CAKES

SHOPPING

61 MARKT IN ALCÚDIA

SEHENSWERTES

51. KALVARIENBERG

Pollença ist einfach schön! Klar, das Städtchen hat etwas von Postkartenidyll, aber es ist typisch Mallorca! Sein spezielles, alternativ angehauchtes Flair hat mich wirklich fasziniert! Die kleinen Gassen laden mit ihren Galerien und Boutiquen zum Bummeln ein, und bei Sonnenuntergang schnappst du dir auf der Plaça Major einen Stuhl und genießt die Atmosphäre.

Vorher ist die Carrer del Calvari, eine im oberen Bereich von Zypressen gesäumte Freitreppe zum Kalvarienberg, eine Attraktion – und eine Herausforderung! 365 Stufen geht es hinauf zur schlichten Eglésia del Calvari, oben wirst du mit einem tollen Ausblick über die Dächer der Stadt und die Landschaft ringsum belohnt.

Carrer del Calvari, 07460 Pollença

Bei guter Sicht kannst du hier tolle Fotos machen: Die terrakottafarbenen Dächer der Stadt, und im Hintergrund die karge Tramuntana-Landschaft!

52. CANYONING & COASTEERING

Pollença ist der Sitz von Món d'Aventura, einem mallorcaweit bekannten Spezialisten für Sport- und Abenteueraktivitäten an der Nordküste, der die hiesige Kombination von Meer und Berglandschaft für sein Geschäftsmodell nutzt. Wenn du also Lust verspürst auf Kanufahren oder Canyoning, Klettern oder Trekking, Höhlen- oder Küstenwanderungen, SUP oder Cliff-Jumping, hier bist du – ob solo oder in einer Gruppe – in guten Händen.

Zu den Spezialangeboten hier gehört das Coasteering, eine Abenteuerwanderung, bei der du dich abseilen und klettern musst, tauchen, schnorcheln und in Meereshöhlen schwimmen wirst. Das Angebot gibt es in diversen Schwierigkeitsstufen, von einfach bis gewagt.

Ganz speziell ist das „Spelunking", Touren in Höhlen. Auch hier reicht das Angebot von einfach bis anspruchsvoll. Wenn du also mal raus willst aus der Sonne…

Plaça Vella, 8, 07460 Pollença

NORDEN

Wenn du den Adrenalin-Kick suchst, bist du beim Coasteering richtig.

Die drei Buchten Cala Barques, Cala Clara und Cala Molins liegen eng beieinander, jede mit eigenem Charakter. Hier findest du garantiert ein schönes Plätzchen!

53. CALA SANT VICENÇ

Dieser recht elegante Urlaubsort am Fuß der Serra de Tramuntana an der Nordküste wird von mehreren traumhaften Cales (Buchten) mit ihren Stränden gesäumt, die schöne Ausblicke auf das Meer und die steil abfallenden Kalksteinfelsen am Cap de Formentor bieten. Um diesen Strandkomplex – die Cala Barques, die Cala Clara und die Cala Molins – nacheinander abzuklappern, braucht man kaum mehr als 20 Minuten.

Ein Highlight hier – für Aktive wie Zuschauer:innen – ist das Klippenspringen. Klar, das ist etwas für geübte Sportler:innen, die sich aus bis zu 12 m Höhe ins Wasser stürzen. Unter Anleitung eines Guides kannst aber auch du es hier ausprobieren und lernen.

LOW $ BUDGET

CALA BARQUES

Er ist der größte und vielleicht schönste Strand, Sonnenliegen und -schirme kannst du ausleihen, am befestigten Ufer gibt es Restaurants und mehr. An diesem Sandstrand ist am meisten los.

CALA CLARA

Dieser Strand ist etwas kleiner, aber ebenfalls gut besucht. Sanitäre Einrichtungen gibt es nicht. Beim Blick aufs Meer siehst du an sonnigen Tagen das Wasser in den verschiedensten Blautönen – wunderschön!

CALA MOLINS

Weicher Sand, ruhiges Wasser in einer teils von Felsen eingerahmten Bucht – dieser fast quadratische Sandstrand ist der beliebteste von Sant Vicenç. Liegestuhl und Sonnenschirm kannst du mieten, ebenso wie SUPs. Auch sonst gibt die Infrastruktur hier alles her, was man so braucht.

Cala Sant Vicenç

Komm zum Sonnenaufgang hierher, denn die Sonne geht dann hinter dem Leuchtturm über dem Meer auf. Dafür musst du früh aufstehen! Aber es lohnt sich!

54. CAP DE FORMENTOR

Schon während der Fahrt über die kurvige und schmale Straße durch die felsige Landschaft hierher kommst du in den Genuss wunderschöner Ausblicke auf Meer und Landschaft. Am Cap angekommen – für viele ist es der schönste Aussichtspunkt der Insel überhaupt – ist der weiße Leuchtturm frei zugänglich. Du kannst ihn (kostenlos) besteigen und die phantastische Aussicht auf die Umgebung genießen.

Rund um den Leuchtturm führen dich Wege und Treppen zu weiteren Aussichtspunkten, aber auch in kleine Traumbuchten. Alternativ bietet sich von hier eine kleine Wanderung auf den Camí del Moll del Patronet an – viele weitere Aussichten inklusive.

Faro de Formentor, 07460 Pollensa

TALAIA D'ALBERCUTX

Gar nicht weit entfernt vom Leuchtturm liegt auf 300 m Höhe dieser im 16. Jahrhundert aus Bruchsteinen erbaute Wachturm – auch er ist ein grandioser Foto-Spot für einen traumhaften Sonnenuntergang und bietet eine großartige Panoramaaussicht auf Meer und Berge.

Ma-2210, 4, 07460 Pollença

BUCKET LIST
Cap de Formentor

Einfach.
Atemberaubend.

Cap de Formentor

LOW
$
BUDGET

Zahlreiche Gassen und alte Festungsanlagen können in Alcúdia kostenlos besichtigt werden.

TIPP
In Alcúdia finden im Sommer diverse Live-Konzerte statt. Tolle Musik vor wunderschöner Kulisse – das dürft ihr nicht verpassen.

55. ALCÚDIA

Dieses charmante Städtchen ist zwar vor allem wegen seines Traumstrandes „Alcúdia Beach" bekannt (er ist ein Teil der Playa de Muro, Nr. 56), hat aber auch selbst einiges zu bieten – die hübsche Altstadt und die 6 m hohe, größtenteils sehr gut erhaltene Stadtmauer mit Zinnen, Türmen und mächtigen Stadttoren. Auch die Kirche Sant Jaume ist ein Teil von ihr. Streckenweise kannst du auf ihr entlangspazieren. Innerhalb der Stadt-mauer erkundest du die autofreien engen Gassen der gut erhaltenen Altstadt mit ihren jahrhundertealten Bauten. In ihrem Zentrum liegt die charmante Placeta de les Verdures mit dem prächtigen Renaissance-Rathaus – ideal für eine entspannte Pause.

PORTA DEL MOLL

Zwei alte Tore erlauben den Zugang zur Altstadt: die Porta de Santa Sebastià und die Porta del Moll. Letz-

BUCKET LIST
Alcudia

Alcudias Altstadt ist ein Labyrinth aus
Stadtmauer und kleinen Gässchen.
Findest du deinen Weg durch dieses Labyrinth?

tere ist der wohl beeindruckendste Überrest der alten Stadtmauer. Dass die mittelalterliche Anlage insgesamt so gut erhalten geblieben ist, grenzt fast an ein Wunder, denn die Mauern wurden ohne Mörtel errichtet.

Cami de Ronda 35, 07400 Alcudia

ALCÚDIA BEACH

Der Teilabschnitt des langen Sandstrands direkt bei Alcúdia ist mit bis zu 100 m besonders breit. Mit angenehm feinem Sand fällt er sehr flach ab, das Wasser ist meist sehr ruhig.

Avinguda Platges de Muro, 07458 Muro

Unbedingt beim Porta del Moll ein Bild vor der Stadtmauer mit Palmen im Vordergrund machen!

TIPP

Sports & Nature Alcudia-mar verleiht Ausrüstung für viele Outdoor- und Wassersportaktivitäten und veranstaltet Boots-fahrten, z. B. zu Meeres-höhlen. (Port Turistic, Esportiu Alcudiamar, Passeig Marítim, 1, zona A, local 1).

Im Sommer ist hier, insbesondere am Steg, sehr viel los. Wenn du nicht mehr Leute als Steg fotografieren willst, solltest du früh kommen!

56. PORT D'ALCÚDIA: PLAYA DE MURO

In einer weiten Bucht gelegen hat Alcúdia mit der nicht weniger als 6 km langen Playa de Muro einen traumhaften Sandstrand, der ein geradezu tropisches Flair ausstrahlt. Im Bereich des Strandabschnitts Sa Comu gibt es sogar Dünen! Den sehr, sehr langen, weißen Holzsteg musst du unbedingt einmal ablaufen – bis weit ins tiefe Blau des Meeres hinein! Wenn es nicht allzu voll ist, kannst du hier fantastische Fotos schießen. Der Strand fällt flach ins Wasser ab – wer schwimmen will, muss weit hinaus-waten. Klar, dass hier viele Familien mit Kindern unterwegs sind. Alle Strandabschnitte (es gibt vier) haben die typische Infrastruktur – Sonnen-liegen, Schirme, Restaurants… Wer aufs Wasser möchte, kann Boards, Boote usw. ausleihen.

Playa de Muro, Carrer de la Ginesta, 9-1, 07400 Alcúdia

PARK

57. PARC NATURAL DE L'ALBUFERA

Um die ursprüngliche Landschaft dieses 17 km² großen Naturschutz-parks für dich zu entdecken, leihst du dir in Port d'Alcúdia oder Pollença am besten ein Fahrrad aus und cruist durch das recht ebene Gelände. Unbedingt ein Fernglas mitbringen – ganz nah ran kommst du, zumindest was die Tierwelt angeht, kaum. Es gibt Amphibien und wilde Pferde, aber insbesondere Vogelliebhaber:in-nen kommen hier auf ihre Kosten. Und zwar vor allem an dem großen Süßwassersee, nach dem der Park benannt ist: la Albufera. Etwa 300 verschiedene Vogelarten suchen und finden hier Zuflucht, vor allem Was-

LOW $ BUDGET

TIPP
Visit Albufera organisiert geführte Touren zu Fuß, mit dem Fahrrad oder mit dem Boot.

servögel, die an diesem Ort überwintern, wie z. B. Flamingos.

Der Eintritt ist übrigens frei, allerdings musst du dir beim Besucherzentrum (an der Hauptstraße) eine Genehmigung besorgen. Zwei von den vier Wanderrouten, die dort beginnen, sind mit dem Rad befahrbar.

Vogelfreunden ist aber eine Bootstour zu empfehlen. Anlegestellen gibt's in Gola de Pujol und in den Häfen von Catarroja, Silla, Sollana und El Palmar. Etwa 40 Minuten dauern die Fahrten in den „Albuferencs" genannten handgefertigten Booten.

Av. de s'Albufera, 07458,

ESSEN & TRINKEN

58. MANZANAS Y PERAS

Du möchtest es dir in deinem Ferienhaus mal so richtig gut gehen lassen? Das englische Ehepaar Caroline und Paul bekocht und bedient dich, deine Lieben und deine Gäste vor Ort. Selbstverständlich ist ihre Küche von mediterranen Einflüssen geprägt, aber auch Aromen des Nahen Ostens und Asiens spielen eine Rolle. Die Menüs kannst du auf ihrer Website anschauen und auswählen. Nicht ganz unwichtig: Die Küche hinterlassen Paul und Caroline sauber und aufgeräumt!

Carrer del Martell, 6, 07460 Pollença | manzanas yperas.eu/index.html | @ private_chef_mallorca

59. CAN GAVELLA

Gut speisen, in lockerer Atmosphäre, mit den Füßen im Sand und tollem Meerblick? In der Beachbar Can Gavella stehen Tische und Stühle direkt im Sand – hier herrscht Urlaubsstimmung. Auf der Karte findest du landestypische Snacks, z.B. Gambas al ajillo, aber auch Hamburger und einige internationale Nudel-, Fisch- und Fleischgerichte. Besonders nachgefragt hier ist die Paella, die in mehreren Varianten serviert wird.

174 Platja de Muro, Casetes des Capellans, 07420 Can Picafort | www.cangavella.com | @cangavella

60. ANITA CAKES

Lust auf Süßes? Die Cupcakes, Cake-Pops, Cronuts, Macarons, Cookies, Pies usw. dieser Ladenbäckerei kann ich dir empfehlen! Wer mag, bekommt hier auch Kaffee oder Tee dazu. Die Leckereien gibt's aber auch „on the road" an einem mobilen Stand.

Carrer Mare de Déu del Carme, 3, 07400 Puerto de Alcúdia | anitacakes.es | @anitacakesptoalcudia

Richtig süßes Gebäck und total instagrammable!

Das hat Charme – der Markt in Alcúdia bietet viele leckere Spezialitäten mit Ständen vor der alten Stadtmauer!

SHOPPING

61. MARKT IN ALCÚDIA

Märkte sind überall ein toller Ort, um sich unter die örtliche Bevölkerung zu mischen. Auf Mallorca kannst du dabei nicht nur die lokalen Spezialitäten kennenlernen und einkaufen, sondern auch Kleidung, Haushaltswaren, afrikanische Produkte und vieles mehr. In Alcúdia reicht das Marktgeschehen von einem großen Parkplatz aus bis weit in die Altstadt hinein, zahlreiche Stände stehen vor der alten Stadtmauer – das hat Charme! Marktzeiten sind Dienstag und Sonntag von 9.00 bis 13.30 Uhr.

Carrer del Moll 23, 07400 Alcudia

MALLORCA

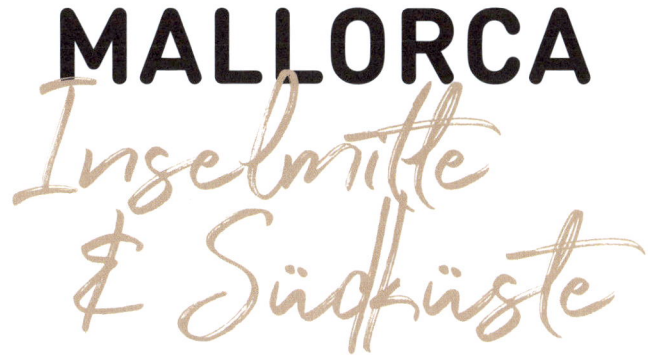

Inselmitte & Südküste

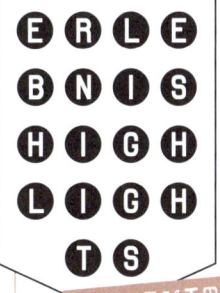

ERLEBNIS HIGHLIGHTS

INSELMITTE & SÜDKÜSTE

Die Schönheit der mallorquinischen Landschaft verzaubert dich sofort: Du findest Traumstrände, die dich an die Karibik erinnern, blaues Meer, hohe Klippen, einzigartige Felsformationen und kleine Buchten. Und dann wären da noch die hohen weißen Salzberge, die etwas fremd erscheinen. Authentisches Essen, Wasser-Spaß und riesige Kakteen runden deine Reise in der Inselmitte und an der Südküste ab.

> **IN DER HÜBSCHEN BUCHT CALA PI ENTSPANNEN**

> **IM BOTANICACTUS DEINE KAKTEEN-LIEBE ENTDECKEN**

> **PIZZA ODER PASTA IM VERBANO GENIESSEN**

> ....

> ....

> ....

> ....

Naturwunder in Hülle und Fülle!

Inselmitte & Südküste

DIE TIPPS 71, 72, 79 UND 80 FINDEST DU AUF DER BEILAGENKARTE.

SEHENSWERTES

62 CALA PI
63 CAP DE SES SALINES
64 SALINES D'ES TRENC
65 PLATJA ES TRENC
66 AQUALAND S'ARENAL
67 CALÓ DES MORO
68 CALA LLOMBARDS
69 ES PONTÀS
70 CALA FIGUERA

71 CABRERA
72 INCA
73 REITAUSFLUG IN DER FINCA SON MENUT

PARKS

74 BOTANICACTUS

ESSEN & TRINKEN

75 CASSAI GRAN CAFÉ & RESTAURANT

76 CASSAI BEACH HOUSE
77 TAVERNA LA PALETA
78 VERBANO

SHOPPING

79 MALLORCA FASHION OUTLET
80 MARKT IN INCA

INSELMITTE UND SÜDKÜSTE

Der Felsvorsprung mit Aussichtsplattform und Blick auf die Cala Pi war bis vor Kurzem ein absoluter Insta-Hotspot. Da diese Plattform aber auch aufgrund von Abrutschgefahr sehr gefährlich war, hat die Gemeinde diese nun abgerissen. Nichtsdestotrotz gibt es auch ohne die Plattform viele weitere tolle Ausblicke und Foto-Motive auf die wunderschöne Bucht.

SEHENSWERTES

62. CALA PI

In dieser Bucht zeigt sich die Insel von einer ihrer romantischsten Seiten. Cala Pi bietet weiße Sandstrände und türkisblaues Meer, das einfach perfekt zum Schnorcheln ist. An den Felsklippen um die Bucht entdeckt man die meisten Meeresbewohner. Super schöne Fotos kannst du unten am Strand machen, den du über eine steile Treppe erreichst. Das glasklare Wasser und die schroffen, zerklüfteten, teils grün bewachsenen Klippen sind im Licht der Mittagssonne wirklich zauberhaft. Da der Strand relativ klein ist und flach (kaum Wellen!) abfällt, genießt du hier ein unvergessliches Badeerlebnis. Am Ende der Bucht wacht ein steinerner Turm auf dem Kap Punta, den man nach einem entspannten Spaziergang vom Strand aus erreichen kann. Er wurde bereits 1663 zum Schutz vor den vielen Piratenangriffen errichtet.

07639 Torrent de Cala Pi

BUCKET LIST

Cala Pi

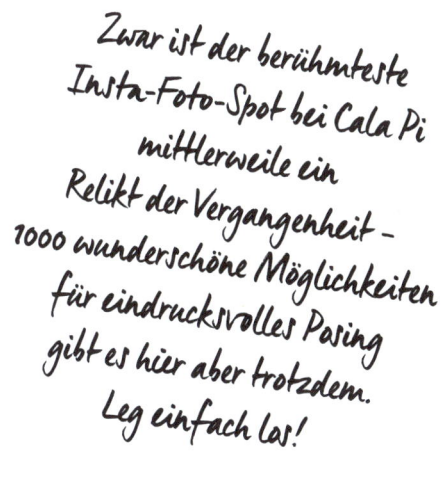

Zwar ist der berühmteste Insta-Foto-Spot bei Cala Pi mittlerweile ein Relikt der Vergangenheit – 1000 wunderschöne Möglichkeiten für eindrucksvolles Posing gibt es hier aber trotzdem. Leg einfach los!

Me at Cala Pi

FOTO TIPP FOTO TIPP FOTO TIPP FOTO TIPP

Hier gibt es eine Menge cooler Foto-Spots. Posiere vor dem Leuchtturm oder setze dich auf einen Fels mit dem türkisfarbenen Wasser im Hintergrund – total instagrammable!

63. CAP DE SES SALINES

Das Cap de Ses Salines ist eine malerische Felslandschaft mit wunderschönen nahezu unberührten Stränden am südlichsten Zipfel Mallorcas. Hier erwarten euch hübsche Naturkulissen und der Geruch des salzigen Meeres, das zum Baden, Schnorcheln oder Kajakfahren einlädt. Die an das Kap angrenzende Gemeinde Ses Salines ist noch heute sehr landwirtschaftlich geprägt und gerade deshalb auch

so sehenswert. Sie besticht durch ihren ursprünglichen historischen Charme, guten Wein und ihre tollen Restaurants. Hier spürt man das wahre, natürliche Mallorca. Schlendert durch das Städtchen, probiert die kleinen Bars und die beliebten lokalen Produkte in den Läden vor Ort oder powert euch auf den unzähligen Rad- und Wanderwegen so richtig aus. Ses Salines bietet unvergessliche Eindrücke – vor allem für die Natur- und Strandliebhaber:innen unter euch!

Cap de Salines, am Ende der Ma-6110

64. SALINES D'ES TRENC

Weiße hohe Hügel, die an Schnee erinnern, vor blauem Himmel – diese bezaubernde Farbenschönheit erlebst du im Sommer in den Salines d'es Trenc mit ihren aufragenden Salzbergen. In den kalten Monaten legen Zugvögel wie rosa Flamingos gern einen Stopp in der uralten Saline ein. Bei 45-minütigen Führungen lernst du mehr über die Salzgewinnung, die Geschichte der Saline und das bekannte hiesig abgebaute Meersalz. Du solltest eine Sonnenbrille und einen Hut mitnehmen, und vergiss auch nicht dein Smartphone: Hier gibt es einmalige Foto-Motive!

In dem kleinen, süßen Laden kannst du – für dich selbst oder für deine Lieblingsmenschen – das vermutlich beste Salz der Baleareninsel und andere Souvenirs wie lokale Öle und Essig einkaufen.

Carretera Campos 7, 07630 Colònia de Sant Jordi

FOTO TIPP FOTO TIPP FOTO TIPP FOTO TIPP

Die weißen Salzberge, die glitzernden Kristalle und die rosafarbenen Teiche machen die Saline zu einem spannenden, besonderen Foto-Spot.

INSELMITTE UND SÜDKÜSTE

Eingerahmt von steinernen „Stegen" sieht dieser Ort am Strand wie eine Art eckiger, natürlicher Pool im Wasser aus – ein besonderes Instagram-Motiv!

65. PLATJA ES TRENC

Karibikfeeling auf Mallorca! Die Platja es Trenc gilt als einer der schönsten Strände Europas, und das nicht ohne Grund. Kristallklares blaues Wasser sieht man entlang des ganzen weißen Sandstrands – es fehlen nur die Palmen. Ich liebe es, dort zu liegen und dem Meeresrauschen zuzuhören!

Wer es ruhiger mag, sucht sich einen Platz im westlichen Abschnitt des 2,5 km langen, unbebauten Naturstrands, der von einem Naturschutzgebiet mit Dünen und zahllosen Vögeln umgeben ist. Voller wird's im östlichen und mittleren Bereich.

Um keine Parkgebühren zahlen zu müssen, fährt man am besten frühmorgens ins Örtchen Ses Covetes und sucht sich dort eine Parkmöglichkeit. In kürzerer Entfernung zum Strand, nämlich 200 m weg, gibt es alternativ einen gebührenpflichtigen Parkplatz.

Playa es Trenc, 07639 Campos

66. AQUALAND S'ARENAL

Spaß und Action sind im größten Wasserpark von Mallorca garantiert! Auf rund 200 000 m² warten neben Becken und Wellenbädern verschiedenste Wasserrutschen. Die Hochgeschwindigkeitsrutsche Kamikaze ist z. B. besonders steil, bei der 20 m langen Anaconda muss man seinen Mut zusammennehmen, und beim Crazy Race tritt man gegen andere im Wasserrutschen an. Durch ihre Bemalung fällt die King Cobra auf.

Für diejenigen, die es etwas entspannter angehen möchten, gibt es auch gemächlichere Wasserattraktionen: den Jacuzzi oder den Congo River, bei dem man gemütlich in einem Reifen auf dem Fluss durch das Aqualand gleitet.

Beim Hunger zwischendurch sorgen Bars und Restaurants für Abhilfe. Es gibt u. a. Burger, Pizzas und Salate. Eis darf natürlich auch nicht fehlen.

Autovia Palma Arenal Km 15, 07600 El Arenal

Steige auf die Felsen oberhalb der Bucht und fotografiere von oben herab auf die Caló des Moro – ein tolles Insta-Bild!

67. CALÓ DES MORO

Wenn ihr fragen würdet, welche Buchten Mallorcas meine Favoriten sind, wäre die Caló des Moro ganz weit vorn im Ranking. Es ist eine sehr schöne, tief eingeschnittene Bucht mit tollen Spots und atemberaubender Aussicht. Umfasst von bewachsenen Klippen leuchtet das klare Wasser türkis-blau.

Die traumhafte Bucht befindet sich im Südosten von Mallorca, ca. 6 km von Santanyi entfernt. Man muss von der Parkmöglichkeit noch ein paar hundert Meter dorthin laufen, u. a. vorbei an der Cala s'Almunia. Zur Sommersaison tummeln sich an der Caló des Moro viele Menschen, aber wenn ihr vormittags oder nachmittags geht, ist weniger los. Beachtet auch, dass hier keinerlei Gastronomie und keine Einrichtungen wie Duschen oder Toiletten vorhanden sind.

07650 Sant Antoni de Portmany

68. CALA LLOMBARDS

Was soll ich sagen? Einfach ein Schnorchelparadies und tolle Felsen zum Liegen. Ich liebe es, wie mich diese Bucht immer wieder verzaubert. Sie begeistert außerdem mit klarem türkisfarbenem Wasser und weißem Sand, der erfreulich weich ist.

Umgeben ist die kleine, malerische Bucht von Felsen, von denen Mutige ins Wasser springen. Man kann aber auch einfach die Leitern runtersteigen. Kleine Fischerhäuschen stehen entlang des Wassers, Pinien und Büsche ergänzen die idyllische Kulisse. Es gibt darüber hinaus Liegestühle und Sonnenschirme zum Ausleihen sowie eine Strandbar.

Früh kommen lohnt sich: Du ergatterst deinen gewünschten Liegeplatz, die Atmosphäre ist herrlich, und dann heißt es für die nächsten Stunden: entspannen!

Parkplätze sind übrigens reichlich vorhanden.

Cala Llombards

FOTO TIPP

Hier befindet sich der Foto-Spot mit der Treppe. Auch die netten Fischerhäuschen machen sich super auf Bildern!

FOTO TIPP FOTO TIPP FOTO TIPP FOTO

Komm morgens oder kurz vor Sonnenuntergang her, dann wirkt das Felsentor noch imposanter. Sportkletterer oder Wolken können das Foto noch spezieller machen; Wolken sorgen zudem für weicheres Licht.

69. ES PONTÀS

Es Pontàs ist ein bekanntes Felsentor auf Mallorca, Meer und Wind haben es erschaffen. Es ragt vor der Südküste im Meer auf und ist einfach zu erreichen.

Vom Besucherparkplatz in Cala Santanyí aus gelangt man schnell zu Fuß zum tollen Aussichtspunkt mit Bänken. Von den Klippen bietet sich dir ein einzigartiger Blick auf den Felsbogen und das Meer! Vielleicht siehst

du auch Sportkletterer, die mutig ihr Können an der einmaligen Steinformation testen. Hobbyfotograf:innen und -maler:innen haben es da einfacher: Sie bannen aus sicherer Entfernung Es Pontàs auf Bilder.

Falls du die große Felsformation mal von einer anderen Seite aus bestaunen möchtest, kannst du auch eine Bootstour buchen.

Es Pontàs [N 39 19.554, E 3 08.657]

LOW $ BUDGET

Im Gegensatz zu anderen Orten auf Mallorca sind die Preise für Unterkünfte & Co. gut bezahlbar.

70. CALA FIGUERA

Ich liebe dieses Fischerdörfchen. Wenn ihr in der Gegend seid, lohnt es sich, Cala Figuera mal anzusehen, vor allem morgens ist hier nichts los. Massentourismus gibt's sowieso nicht, stattdessen ist Dorfromantik mit maritimem Flair angesagt. Und das Beste: Die Preise für Unterkünfte & Co. sind bezahlbar.

Hier findet ihr auch einen tollen Foto-Spot: Mach ein Foto am idyllischen Hafen, und zwar unter einem Bogen hindurch. So fängst du die hellen Häuschen mit grünen Toren und Fensterläden ein.

Ein Spaziergang am Hafen und entlang der fjordähnlichen zweigeteilten Bucht ist einfach malerisch! Und ein Restaurantbesuch mit Meeresfrüchten und frischem Fisch in Hafennähe bietet sich auch an.

Carrer de la Berge del Carme 27, 07659 Cala Figuera

71. CABRERA

Hier kommt ihr nur mit dem Boot hin – Cabrera ist eine superschöne kleine Naturinsel, ca. 13 km vor Mallorca. Manchmal kann man sie sogar bei klarem Wetter von Mallorcas Südküste aus erspähen.

Wer sich vorab über die geschützte Insel informieren möchte, besichtigt das Besucherzentrum in Colònia de Sant Jordi. Von dessen Hafen fahren Boote etwa alle 30 Minuten zu Cabreras einziger Anlegestelle.

Die größte Insel eines Archipels ist ein echtes Naturparadies mit prächtigem Pflanzenreichtum und zahlreichen einheimischen Tierarten, mit Büschen, Felsen, kleinen Buchten, klarem Wasser, Seegraswiesen im Meer, mit Höhlen und Grotten.

Zu den Attraktionen der ruhigen Insel gehören u. a. die Blaue Grotte, Tauchgänge und eine Burg. Zu diesem historischen Bauwerk führt ein Wanderweg und von hier eröffnet sich eine sagenhafte Aussicht auf den Hafen von Cabrera, die Bucht und die anderen Inseln.

Cabrera

72. INCA

Inca ist schnell mit dem Auto oder Zug zu erreichen und hat donnerstags einen hübschen Wochenmarkt. Neben dem Mercat d'Inca ist die drittgrößte Stadt Mallorcas vor allem für zwei Sachen bekannt: ihre Lederwaren und die typischen „Cellers".

In der „Stadt des Leders", dem Zentrum der Lederindustrie auf Mallorca, finden sich einige bedeutende Schuhmarken, und du kannst Schuhe, Jacken und Taschen shoppen. Authentisch essen kannst du in den „Cellers". In den traditionellen kleinen Kellerrestaurants wird mallorquinische Küche aufgetischt, das berühmteste von ihnen ist wohl der Can Amer.

Von Inca lässt sich auch gut eine einfache, tolle Wanderung auf den Berg Puig de Santa Magdalena mit einer Einsiedelei unternehmen. Der Ausblick von hier reicht bis zur Bucht von Alcúdia und zum Tramuntana-Gebirge.

07300 Inca

Die alten Gassen von Inca – wie gemacht für einen gemütlichen Spaziergang.

INSELMITTE UND SÜDKÜSTE

Im nahen Felanitx ist die Kirche San Miguel eine Attraktion.

Ferien auf dem Pferdehof? Das ist nicht nur ein Mädchentraum! Hier erlebst du Mallorca von seiner ländlichen Seite.

73. REITAUSFLUG IN DER FINCA SON MENUT

Landhotel, Gestüt, Reitschule und Restaurant: Auf der Finca Son Menut kann man einen wunderbaren Urlaub verbringen. Pferde-Fans – egal, ob Anfänger oder Fortgeschrittene – können Reitunterricht nehmen oder Ausritte entlang der Küste machen. Danach ist Entspannung und Ruhe im Spa-Bereich des Fincahotels an-gesagt. Massagen, Gesichtsbehand-lungen, Jacuzzi, Sauna – Alltag und Stress sind ganz weit weg.

Es können auch Fahrräder ausgelie-hen werden, und im Restaurant ste-hen mallorquinische Speisen auf der Karte.

Agrupació Son Tauler, 8, 07208 Felanitx

PARKS

74. BOTANICACTUS

Kakteen in der Natur – einfach wunderschön! Möchtest du auch in diese einzigartige Pflanzenwelt und Oase der Ruhe eintauchen, fährst du nach Ses Salines. Am Ortsausgang nach Santanyí findest du den größten Botanischen Garten von Mallorca. Stachelig, hoch aufragend, kugelrund – tausende Kakteenarten aus der ganzen Welt wachsen hier. Auf 25 000 m² wird außerdem die mallorquinische Flora präsentiert, u. a. mit Zypressen,

Orangen- und Johannisbrotbäumen. Ein Feuchtgebiet beherbergt Seerosen, Bambuswäldchen und zahlreiche Palmenarten. Steintreppen führen hinauf auf einen Hügel, von dem sich dir ein herrlicher Ausblick auf den gepflegten Garten, die vielfältigen Kakteen und den See bietet.

Im Mai ist es im Park nochmal eine Extraportion schöner, dann ist nämlich der Höhepunkt der Blütezeit dieser Kakteen erreicht.

Für einen Rundgang solltest du mindestens 1½ Stunden einplanen, auf vier Picknickplätzen und den Bänken kann man gut eine Pause einlegen.

Carretera, 07640 Ses Salines

PICKNICK-SPOT

FOTO TIPP

Rotbraune Erde, blauer Himmel und grüne Kakteen in allen möglichen Formen – Botanicactus ist ein schöner Foto-Spot, der viele Motive bietet.

BUCKET LIST
Botanicactus

Zeichne den schönsten Kaktus,
deine liebsten Blattformen,
oder klebe ein herunterge-
fallenes Blatt ein.

ESSEN & TRINKEN

75. CASSAI GRAN CAFÉ & RESTAURANT

Das Cassai-Café befindet sich im Zentrum von Ses Salines und ist unendlich schön. Die Fassade erstrahlt in hübschem Grün, die Inneneinrichtung ist stylisch und die süße Terrasse mit Pflanzen versprüht rustikalen, gemütlichen Charme. Alles eignet sich perfekt für Insta-Fotos!

Nicht nur die Location, auch das, worum es hier eigentlich geht, das Essen, darf man nicht verpassen. Ich liebe das Aioli von hier und die Oliven sind einfach zu gut. Das saisonale Gemüse fehlt bei mir so gut wie nie auf dem Tisch.

Carrer Sitjar, 5, 07640 Ses Salines | @cassai_mallorca

76. CASSAI BEACH HOUSE

Der Name des Restaurants sagt's schon: Das Cassai Beach House liegt direkt am Strand. Die Lage ist einfach

Super Essen und mega Foto-Location. Das panierte Gemüse ist der Hit!

Schöner Spot am Meer und leckeres Essen: das Cassai Beach House

76. CASSAI BEACH HOUSE

Der Name des Restaurants sagt's schon: Das Cassai Beach House liegt direkt am Strand. Die Lage ist einfach top, und von der Terrasse aus haben die Gäste einen wunderbaren Blick aufs Meer. Passend dazu ist auch die Einrichtung gestaltet: Blau und Weiß sind die dominierenden Farben, helles Holz und Korbsessel vervollständigen den maritimen Look.

Die Küche bietet neben internationalen Gerichten selbstverständlich auch typisch mediterrane Speisen. Du hast also die Wahl zwischen Tapas, Fisch und Fleisch, Hamburgern, Meeresfrüchten, Reisgerichten und Vielem mehr. In der Hauptsaison empfiehlt es sich, einen Tisch zu reservieren. Das Restaurant in Colònia de Sant Jordi gehört übrigens zum gleichen Unternehmen wie das Cassai Café & Restaurant.

Carrer Major, 21, 07638 Colònia de Sant Jordi | cassaibeachhouse.com | @cassai_mallorca

77. TAVERNA LA PALETA

Ich liebe die Atmosphäre im La Paleta! Das Rinderfilet war super gut (als ich noch Fleisch gegessen habe, haha) und es gibt auch tolle Vorspeisen. Du findest das kleine Restaurant mit mediterraner Küche und schöner Terrasse im hübschen Urlaubsort Cala Pi.

Carrer Torre, 15, 07639 Cala Pi

Italienisch essen? Pizza und Tomate-Mozzarella-Salat gehören einfach dazu!

78. VERBANO

Bierkönig trifft auf eine der besten Pizzen, die ich je gegessen habe. In einer Querstraße neben dem Ballermann hat seit Mitte 2021 ein gehobeneres Restaurant sein Zuhause gefunden. Das Verbano an der Playa de Palma ist dennoch nicht teuer und serviert authentisches italienisches Essen, das wirklich lecker ist. Ein italienischer Lieferant sorgt für originale Produkte wie italienischen Käse, frische Zutaten kommen zum Einsatz und die Nudeln werden selbst hergestellt. Der Pizzateig darf lange gehen und wird nach dem Formen und Belegen in einen Steinofen geschoben. Die Art der Zubereitung und die Nudel-Maschine kannst du dank der offenen Showküche sogar sehen!

Die Speisekarte wechselt je nach Saison und ein paar vegetarische Gerichte lassen sich auch finden. Tomate-Mozzarella als Vorspeise ist Pflicht – es ist für mich die allerbeste und leckerste. Zur hausgemachten Pizza oder Pasta passen ein Glas Wein und Bier. Oder hast du Lust auf einen Cocktail?

Platz nehmen kannst du auf der (zeitweise überdachten) Terrasse oder in dem großen klimatisierten Innenraum, der durch seine Pflanzen und Details nett wirkt.

Das Personal ist übrigens freundlich, und der Italiener hat jeden Tag ab der Mittagszeit geöffnet.

Carrer del Llaüt, 15-17, 07610 Palma | www.verbano.es | @verbano_mallorca

BUCKET LIST

Verbano

Neben anderen italienischen Leckereien bekommst du hier auch
eine großartige Pizza zu fairem Preis. Was kommt auf deine Traumpizza?

SHOPPING

79. MALLORCA FASHION OUTLET

Auf der Suche nach stylischen Klamotten, eleganten Accessoires oder neuen Schuhen? Dann bist du im Mallorca Fashion Outlet richtig. Das beliebte Einkaufszentrum befindet sich nur 16 km von Palma entfernt und eignet sich perfekt zum ausgiebigen Shoppen. An jedem Tag in der Woche ist es geöffnet. Und das Beste? Die Marken sind runtergesetzt. Am letzten Donnerstag im Monat sind die Preise besonders niedrig. Du findest hier außerdem Restaurants, Coffee Shops und ein großes Kino mit 20 Sälen.

Autovía Palma-Inca, Km 7,1, salida 8, 07141

Shoppingträume werden wahr. Und alles unschlagbar günstig!

LOW $ BUDGET

Donnerstags von 8 bis 13.30 Uhr herrscht in Inca angenehme Markt-Atmosphäre.

80. MARKT IN INCA

Donnerstags kann man draußen einen der größten Märkte Mallorcas besuchen: den wunderschönen Wochenmarkt in Inca. Man schlendert an den Ständen vorbei, die sich, geordnet nach Bereichen, über das Stadtzentrum verteilen. In der Calle Sant Francesc wird der Bauernmarkt mit Tierschau veranstaltet, vor der Markthalle finden sich die Bio-Bauern. Die Kunsthandwerker bieten ihre Waren wie Körbe, Leder- und Kera-mikprodukte in einem großen Areal an – die drittgrößte Stadt dieser Insel blickt auf eine lange Leder-Tradition zurück. Darüber hinaus gibt es auch günstige Elektroteile und Textil-Massenware.

Carrer de la Pau, 07300 Inca

MALLORCA
Der Osten

Trubelige Touristenhighlights, stille Berge und Buchten, wunderschöne Strände und Städte – Mallorcas Osten hat den Attraktionen-Reichtum der ganzen Insel auf kleinem Raum. Gepaart mit einem enormen Freizeit- und Sportangebot ist das eine wirklich attraktive Kombination.

ERLEBNIS HIGHLIGHTS

DER OSTEN

> **HINEIN INS BLUMENPARADIES!**

> **ZEUGNISSE PRÄHISTORISCHER KULTUR**

> **DURCH HÖLLENKAMMER UND FEGEFEUER**

> **ROMANTISCHE UNVOLLENDETE KIRCHE**

> ....

> ....

> ....

Berge und Buchten, Strände und Städte

Osten

SEHENSWERTES

- 🟤 81 ARTÀ
- 🟤 82 CALA MESQUIDA & CALA AGULLA
- 🟤 83 CASTELL DE CAPDEPERA
- 🟤 84 CALA RAJADA
- ✴️ 85 EGLESIA NOVA
- 🟤 86 CANYAMEL
- 🟤 87 CALA MORLANDA
- ✴️ 88 TOUR IN DEN TROPFSTEINHÖHLEN
- 🟤 89 CALÓ D'EN RAFALINO
- 🟤 90 SANTUARI DE SANT SALVADOR
- ✴️ 91 SA COVA FORADADA
- 🟤 92 IM BLUMENPARADIES CALA D'OR

PARKS

- 🟢 93 PARC NATURAL DE MONDRAGÓ
- 🟢 94 PARC NATURAL DE LA PENÍNSULA DE LLEVANT

ESSEN & TRINKEN

- 🟣 95 TANGO 10
- 🟣 96 TRÄUMERIA SON MOLL – WOLKE 7
- 🟣 97 VINTASTY
- 🟣 98 RESTAURANT DIFERENT MALLORCA
- 🟣 99 ZUGGA ICE CREAM

SHOPPING

- 🔴 100 ENJOY LA VIDA

Der Eintrittspreis in die Talaiot-Siedlung von Ses Païsses beträgt lediglich zwei Euro.

LOW $ BUDGET

SEHENSWERTES

81. ARTÀ

Du willst mal raus aus dem Rummel? Nur wenige Kilometer im Landesinnern lockt das Städtchen Artà mit Mittelalter-Architektur, schmalen Gassen und süßen Cafés. Obendrüber thront eine mächtige Mittelalter-Festung – wie aus dem Bilderbuch! Das eigentliche Highlight hier ist aber eine uralte Siedlung aus der Bronzezeit! Sie heißt Ses Paisses, praktisch direkt hinter der Stadtgrenze kannst du hier eine Zeit-reise 3000 Jahre zurück machen, hinein ins prähistorische Mallorca, in die Talaiot-Kultur.

Durch ein hoch aufragendes, aus riesigen, bis zu 8 t schweren Steinbrocken – sogenannten Zyklopensteinen! – gebautes Tor betrittst du eine von zahlreichen Eichen beschattete Welt voller Geheimnisse. Wenn du mehr über diese uralte Kultur erfahren möchtest, lass dich auf einem ausgeschilderten Rundweg vom Audioguide führen.

Lloc Poligon 13, 113, 07570 Artà

82. CALA MESQUIDA & CALA AGULLA

Nicht ganz so alt wie Artà, aber ebenfalls sehr geschichtsträchtig, liegt die Stadt Capdepera etwas weiter westlich. Am besten kommst du mittwochs, dann ist Markttag in dieser vom Tourismus noch einigermaßen unberührten Stadt. Nördlich von Capdepera locken mehrere stille und beinahe ursprüngliche Sand- und Steinbuchten, eine davon wird von einem „Zyklopensteinturm" aus der Talaiot-Zeit bewacht.

Da wären zunächst am Rand von Cala Rajada die Cala Agulla und die Platja de Ses Cavasses, gut erreichbar und daher nicht unbedingt einsam. Auch die von Sanddünen umgebene, breite und familienfreundliche Cala Mesquida ist perfekt zum Baden. Während der Saison sorgen hier Strandbars für das leibliche Wohl.

Je weiter du aber nach Nordwesten kommst, desto ruhiger und einsamer wird es. Die Cala Torta, die winzige Cala Mitjana und die steinige Cala Estreta sind sämtlich über Straßen zugängig, die von Artà dorthin führen. Du kannst sie aber auch in etwa einer Stunde von der Cala Mesquida her zu Fuß erreichen.

Noch weiter nordwestlich erstreckt sich die Cala Matzoc, ein großer und oft menschenleerer Strand!

Cala Mesquida: Avenida Marian 89-99, 07589 Capdepera; Cala Agulla: 07590 Cala Agulla

PICKNICK-SPOT

Etwas abseits vom „Normalstrand" gibt es einige völlig naturbelassene Calas – ideal für ein Picknick bei Sonnenuntergang.

OSTEN

An der Treppe zur Festung hoch (Calle Alta) kannst du tolle Fotos machen!

83. CASTELL DE CAPDEPERA

Über Capdepera thront auf dem 159 m hohen Puig de Capdepera diese dreieckig angelegte Festung aus dem 14. Jahrhundert. Der ummauerte Komplex wurde auf den Ruinen einer maurischen Festung errichtet und zählt zu den am besten erhaltenen Burgen Mallorcas. Sie diente zum Schutz gegen Piratenangriffe und dazu, die Macht des Königs hier zu dokumentieren. Innerhalb der Mauern steht eine Steinkirche, deren Dach heute als Aussichtsplattform genutzt wird. Und die Aussicht hat es in sich: Der Blick wandert über die Stadt Capdepera, die Binnenlandschaft, die Küste und das Meer.

Carrer Castell, s/n, 07580 Capdepera

84. CALA RAJADA

Dieser ehemalige Fischerort mit dem größten Hafen im Norden Mallorcas ist einfach schön zum Schlendern! Hier gibt es einen langen, vor allem abends sehr stimmungsvollen Boulevard, Biergärten und charakteristische Bodegas, tolle Restaurants (viele mit Meerblick-Terrassen), wunderschöne Aussichten… Und der sehenswerte Yachthafen ist von Restaurants, Biergärten und Bodegas mit hübschen Terrassen gesäumt.

Geschäfte und Läden gibt es eher im modernen Bereich der Stadt. Die wichtigsten Einkaufsstraßen von Cala Rajada sind Carrer d'Elionor Servera und Carrer de l'Agulla.

Zu den Stränden hier siehe Capdepera, Nr. 82.

07590 Cala Rajada

Super schön zum Schlendern mit dem schönen Meer im Blick und tollen Restaurants.

85. EGLESIA NOVA

Das alte Zentrum der ruhigen 11 500-Einwohner-Stadt Son Servera ist Fußgängerzone, freitags (9–14 Uhr) ist hier in der Straße Pere Antoni Servera und auf dem Platz vor Kirche und Rathaus Markt. Neben Obst und Gemüse kannst du Textilien, Lederwaren, Modeaccessoires und Kunsthandwerk einkaufen. Oder du setzt dich einfach nur in eine der Bars auf dem Hauptplatz und lässt die Szenerie auf dich wirken.

Und dann ist da noch die Eglesia Nova, Mallorcas bekannteste Kirche. Warum? Der Anfang des 20. Jahrhunderts errichtete neugotische Bau blieb unvollendet (u.a. fehlt das Dach!) und bietet einfach eine einmalige Atmosphäre! Dass das Gebäude so unvollendet zu einer ziemlich vollendeten Schönheit werden konnte lag übrigens – du ahnst es schon – am lieben Geld. Nach rund 30 Jahren Bauzeit waren die vorhandenen Mittel 1930 verbraucht und man brach das Projekt ab. Der Besuch (nur wochentags von 9.30 Uhr bis 14.00 Uhr) ist übrigens kostenlos. Auf gar keinen Fall verpassen!

Carrer de ses Creus 4 |
www.sonservera.es

> TIPP
>
> In der Eglesia Nova gibt es regelmäßig Gottesdienste, aber auch kulturelle Open-Air-Veranstaltungen

LOW $ BUDGET

FOTO TIPP FOTO TIPP FOTO TIPP FOTO

Eine wirklich traumhafte Fotokulisse, vor allem der wunderschöne Innenhof!

BUCKET LIST
Eglesia Nova

Traumhafteste
Fotokulisse!

Eglesia Nova

Mach eine Führung durch die Höhle – das ist jede halbe Stunde möglich!

86. CANYAMEL

Mit seinen nicht einmal 500 Einwohnern ist das kleine Canyamel natürlich viel ruhiger als die größeren Ferienorte an der Ostküste. Der feinsandige, etwa 200 m lange und gut ausgestattete Strand (Bars, Sonnenschirme, Duschen) ist eine der örtlichen Attraktionen, kann aber sehr voll sein.

07589 Canyamel

COVES D'ARTÀ

Nur etwa 1 km nördlich von Canyamel solltest du die Coves d'Artà nicht verpassen. Der Besuch beginnt schon spannend: Um reinzukommen, musst du dich durch einen Riss in einer Felswand zwängen! Angeblich hat sich Jules Verne hier für „Die Reise zum Mittelpunt der Erde" inspirieren lassen! Du kannst dich durch die Höhle führen lassen – jede halbe Stunde geht's in die „Halle des Fegefeuers" und die „Höllenkammer".

3 km landeinwärts gibt's einen schönen alten Wehrturm, den Torre de Canyamel, heute ein Kulturzentrum. Die Dauerausstellung dort führt spannend durch die örtliche Kulturgeschichte.

Carretera de las Cuevas, 07589 Canyamel

87. CALA MORLANDA

Etwas südlich vom Touristenort S'Illot gelegen ist Cala Morlanda eine Mini-Siedlung mit Ferienhäusern, die eine wunderschöne, etwa 300 m breite Meeresbucht säumen. Der Uferbereich, den man über Treppen erreicht, ist zunächst steinig, zur Wasserlinie hin wird der Boden sandig. Direkt am Strand gibt es keine touristische Infrastruktur. Diese kleine Bucht ist ein bei Schnorchlern und Tauchern beliebtes Ziel (siehe auch Nr. 89).

07687 S'Illot-Cala Morlanda

FOTO TIPP FOTO TIPP FOTO TIPP FOTO TIPP FOTO

In Porto Cristo gibt es das super leckere Tapas-Restaurant Trentas mit vielen leckeren Speisen. Hinter dem Trentas befindet sich zudem ein fantastischer Foto-Spot: eine bunte Graffiti-Wand. Perfekt für tolle Insta-Bilder!

OSTEN

88. TOUR IN DEN TROPFSTEINHÖHLEN

Egal, welche dieser beiden fantastischen Tropfsteinhöhlen du bei deiner Reise tief ins Gestein erleben möchtest – Zugang bekommst du nur im Rahmen einer (mehrsprachigen) Führung.

COVES DELS DRAC

Bei Porto Cristo liegen Mallorcas größte Höhlen, die Cuevas dels Drac (Drachenhöhlen) und die Cuevas dels Hams (Angelhakenhöhlen). Beim Publikum beliebter sind die Cuevas dels Drac. Gut 1 km weit kannst du hier ins Höhlensystem vordringen – jede Höhle bietet fantastische Farben und Formen. Gebuchte Touren enden in der Regel in einer riesigen Halle mit einem See, zum Höhlenerlebnis gehört hier auch eine musikalische Untermalung.

Coves dels Drac: Carretera de les Coves, 07680 Porto Cristo | www.cuevasdeldrach.com/de

COVES DELS HAMS

Seinen Namen verdankt dieses 1905 entdeckte unterirdische Labyrinth an der Straße nach Manacor im Norden der Stadt der ungewöhnlichen Form vieler Stalagmiten und Stalagtiten: Mit etwas Fantasie erinnern die wirklich an Angelhaken! Ein Abschnitt des über 10 Millionen Jahre alten Höhlensystems ist nach oben offen – hier leben Tiere und es gedeihen viele Pflanzen, auch hier gibt es einen unterirdischen See. In einer der Höhlen findet eine Konzertshow mit Lichteffekten statt.

Cuevas dels Hams: Carretera Ma-4020 Manacor–Porto Cristo, Km. 11, 07680 Porto Cristo | www.cuevas-hams.com

Im Sommer früh am Morgen hingehen, sonst drohen Wartezeiten!

BUCKET LIST *Tour in den Tropfsteinhöhlen*

*Klebe als Beweis, dass du hier warst,
deine Eintrittkarte und ein Foto ein.*

Blick aufs Meer, von Felsen eingerahmt

89. CALÓ D'EN RAFALINO

In dieser Nebenbucht der Cala Morlanda (Nr. 87) lockt vor felsiger Kulisse der malerische Naturstrand Caló d'en Rafalino mit kristallklarem Wasser und – in aller Regel – hellem, feinem Sand. Normalerweise ist in dieser wenig bebauten Region nahe dem Kap Punta Rasa nur wenig Publikum unterwegs.

Es kommt vor, dass der Sand oberhalb der Wasserlinie vom rauen Meer fortgespült wird, normalerweise ist der Sandstreifen, in dem einzelne größere Felsen liegen, bis zu 20 m breit. Den Rahmen der idyllischen Bucht bilden niedrige Klippen.

Carrer de la Luisa 50, 07687 S'illot Cala Morlanda

PICKNICK-SPOT · PICKNICK-SPOT

*Wer Pause machen will:
Unterhalb des Klosters gibt es
Picknickbänke und Tische.*

90. SANTUARI DE SANT SALVADOR

Idyllisch zwischen Gebirgszügen in toller Landschaft gelegen bieten die Kleinstadt Felanitx und die Region drumherum eine ganze Menge. Auf dem Weg in die Stadt lässt sich nicht übersehen, dass hier die Landwirtschaft großes Gewicht hat: Zitrusplantagen und Weinberge überall – wer möchte, findet sicher Gelegenheit zu einer Weinprobe, z.B. im Rahmen einer Führung.

Der Anziehungspunkt hier ist aber das etwa 7 km von der Stadt entfernte (Serpentinenstraße, viele Radler:innen!) auf dem Berg Puig de Sant Salvador gelegene Santuari de Sant Salvador, ein ehemaliges Kloster aus dem 14. Jahrhundert, das von außen wie eine Festung wirkt. Nach der Ankunft hier, 509 m über dem Meeresspiegel, genießt du am besten erst einmal den fantastischen Blick auf die Stadt und die wunderschöne Umgebung. Im Mittelpunkt der gut erhaltenen Klosteranlage steht die Kirche mit ihrem wunderschönen Altar. Beeindruckend ist auch – einen Katzensprung entfernt – das 37 m hohe Christo-Rei-Denkmal. Bei gutem Wetter kannst du von den Aussichtspunkten Puig de Sant Salvador und Puig de Milá fast ganz Mallorca überblicken!

Crta. de Portocolón, s/n, 07200 Felanitx | www.felanitx.org/web

Foto-Spot mit einzigartigem Blick übers Meer!

91. SA COVA FORADADA

Dieser versteckt gelegene, aber gut zu erreichende Foto-Spot ist einfach ein Muss! Am besten kommst du abends und kannst dann wunderschöne Fotos von Felstor und Leuchtturm mit der dahinter untergehenden Sonne machen. Der Fußweg ist nicht lang, trotzdem ist festes Schuhwerk zu empfehlen!

Den 25 m hohen Leuchtturm, der auf einer Steilwand steht, kann man übrigens nicht besichtigen. Wenn du ihn trotzdem fotografieren möchtest (und das Motiv lohnt die Mühe), kannst du bis zu einem Gittertor heranfahren und dann durch die Metallstreben Fotos schießen.

Carrer del Berganti, 07670 Portocolom

BUCKET LIST
Sa Cova Foradada

Positioniere dich vor
oder im bekannten Höhlenfenster
mit Landzunge und Leuchtturm
im Hintergrund –
absolutes Postkartenmotiv!

Sa Cova Foradada

92. IM BLUMENPARADIES CALA D'OR

Ins Deutsche übersetzt heißt Cala d'Or „Goldene Bucht", und diese Bezeichnung passt wirklich ziemlich gut: Hier gibt es einen ausgesprochen exklusiven Yachthafen! Entsprechend edel ist die Hafenpromenade mit Boutiquen, Cafés und Restaurants. Aber auch sonst ist Cala d'Or ein hübsches Städtchen mit vielen weißen Häusern, engen Gassen und – je nach Jahreszeit – bunten Blumen.

Etwas Action gefällig? Wie wär's mit einer Jetski-Tour? Dominic und Lea von Jetski Vice Sunset Tour vermieten Jetskis (natürlich plus Equipment) und bieten auch Touren an, bei denen – nach einem kurzen Fahrtraining – auch Fahrer:innen ohne Fahrlizenz willkommen sind.

Malerische Häfen besuchen, unterwegs durch gläserne Schotten die Unterwasserwelt beobachten (mit nur ein wenig Glück auch Delfine!) und zwischendurch bei Badehalten per Wasserrutsche ins Meer eintauchen – drei Stunden dauert diese abwechslungsreiche Fahrt entlang von Mallorcas Ostküste.

Puerto Deportivo, s/n, 07660 Cala D'or | www.marinacalador.es | www.jetskivice.com | Starfish Boat: starfishboat.com/de

FOTO TIPP FOTO TIPP FOTO TIPP FOTO

Der beste Mallorca Insta-Spot in Cala d'Or ist eine bezaubernde Gasse mit bunten Blütenpflanzen.

Mitten in der Natur gibt es hier viele schöne Plätze, um die Picknick-Decke auszubreiten.

PICKNICK-SPOT PICKNICK-SPOT PICKNICK-SPOT

PARKS

93. PARC NATURAL DE MONDRAGÓ

In diesem von Buschland geprägten Naturschutzgebiet – wichtigstes Ziel ist der Vogelschutz – zwischen den Küstenorten Portopetro und Cala Figuera, 6 km vom Badeort Cala d'Or entfernt, führen vier Naturpfade durch die unberührte, von Feuchtgebieten geprägte Natur zu verschiedenen Aussichtspunkten und zu wunderbaren Buchten mit weißem Sand und kristallklarem Wasser. Aber auch Heideland und Kiefernwälder findet man hier, ebenso wie einige landwirtschaftlich genutzte Flächen.

In der Hochsaison kann hier einiges los sein. Sollte der Trubel dir in einer Bucht zu groß sein, wanderst du einfach weiter zur nächsten. In der Cala Mondragó gibt es ein cooles Restaurant.

Die beiden Eingänge des Naturschutzgebiets liegen an der Landstraße Carretera de Santanyí, einer nahe s'Alqueria Blanca, der andere unweit der Bucht Cala Figuera. Das Informationszentrum des Parks (mit Sanitäranlagen) findest du beim Parkplatz von Sa Font de n'Alis.

Carretera Mondrago s/n, 07691 | Tel. +34 971 181022

Wunderschönes Natur-schutzgebiet, perfekt zum Wandern!

94. PARC NATURAL DE LA PENÍNSULA DE LLEVANT

Den fast 1700 ha großen, aber nicht gerade überlaufenen Naturpark mit Felsküsten und Höhlen, Quellen und Wildbächen, mit Wäldern und der von Zwergsträuchern geprägten Garrigue an der Nordostküste erreichst du von Artà aus über die Straße nach Ermita de Betlem. Bei Kilometer 4,7 biegst du nach rechts ab. Die Abgeschiedenheit hier lädt zu ruhigen Wanderungen und Mountainbike-Touren in der ursprünglichen mallorquinischen Landschaft ein. Auf den insgeamt 13 Wanderwegen passierst du aufgegebene Fincas (in der Finca Es Verger wachsen Bäume im früheren Wohnzimmer!) und andere Zeugnisse des harten bäuerlichen Lebens hier. Als einfache Herbergen dienen z.B. das Herrenhaus S'Alzina und das ehemalige Badehaus am Strand S'Arenalet, mit Beratung und Infos steht dir im Naturpark-Office das Parkteam zur Verfügung.

Carretera. MA-3333, km 4,7, 07570 Artà | parcnaturaldellevant.blogspot.com/p/deutsch.html | Tel. 606 096 830

ESSEN & TRINKEN

95. TANGO 10

Ein kulinarischer Abstecher nach Argentinien! Im Tango 10 gibt's die leckersten Empanadas, die ich je gegessen habe. Zwischen 13 Geschmacksrichtungen kannst du wählen, von Gemüse und Käse über Fleisch bis – natürlich – zum Fisch. Gibt's auch to go – ein toller Snack für den Strand!

Avinguda Cala Agulla 28, 07590 Es Pelats | m.facebook.com/Tango10mallorca -101185742624141/?ref=page_internal | @tango10mallorca

96. TRÄUMERIA SON MOLL – WOLKE 7

„Bunt, lebensfroh und phantasievoll!", so beschreibt sich das Team um Inhaberin Petra Burckhardt selbst – kein

Wunder also, dass die Speisekarte umfang- und abwechslungsreich ist, vom Frühstück bis zum Abendessen. Hier gibt's Tapas, Fisch- und Fleisch, Salate und Burger, aber auch hauseigene Klassiker wie Currywurst aus eigener Herstellung. Serviert wird das Wunschgericht auf der Dachterrasse mit tollem Ausblick auf den Hafen oder eine Etage tiefer unter schattigen Arkaden.

Avinguda d'America 36, 07590 Cala Rajada | www.sonmoll.de | @wolke7sonmol

Buttriger Teig, saftige Füllung – das Tango 10 bietet Empanadas in vielen Varianten.

CARNE CUCHILLO

CARNE SUAVE

Wolke 7: Leckere Gerichte vor fantastischer Kulisse!

97. VINTASTY

Hier, direkt am Hafen von Porto Cristo, wird auf einer gemütlichen Terrasse (ein Hauch von Vintage!) von mittags bis spät in der Nacht mediterrane Küche serviert, mit Schwerpunkten auf Paella und Tapas. Aber auch Pizzen und natürlich Salate gehören zum Angebot. Besonders beliebt hier: Tapas für zwei Personen – wegen der großen Tapas-Vielfalt.

Passeig des Riuet 25, 07680 Porto Cristo | www.facebook.com | @Vintasty Restaurant

Die Churros im Diferent Mallorca sind super lecker – und dazu total instagrammable!

98. RESTAURANT DIFERENT MALLORCA

In einer alten Mühle, mitten im Zentrum von Cala D'or, wird dieses Restaurant seinem Anspruch, „diferent", also anders zu sein, locker gerecht. Auf der Speisekarte stehen europäische und orientalische Gerichte und Getränke, das Ambiente ist historisch und flippig zugleich – ein toller Ort, um ungezwungen gut und abwechslungsreich zu essen und zu trinken.

Carrer d'en Toni Costa, 10, 07660 Cala D'or | www.restaurantdiferentmallorca.com

99. ZUGGA ICE CREAM

Wenn du eine kalte Erfrischung möchtest – hier bist du richtig! Es gibt leckeres hausgemachtes Eis und Frozen Joghurt in vielen Sorten, dazu noch eine Riesenauswahl an Toppings. Den schönen Ausblick von der Terrasse gibt's obendrauf.

Carrer d'en Bordils 47, 07680 Porto Cristo | zugga.es | @zuggayogurt

Auch wenn im Vintasty Tapas die Hauptrolle spielen – leckere Salate gibt's natürlich auch!

Immer wieder schöne neue Sachen im Shop – dafür sorgen Iris und Roman.

SHOPPING

100. ENJOY LA VIDA

„Creativity is the greatest rebellion in existence" – das ist ein Motto der Künstlerin Iris Bardo, die mit ihrem Lebensgefährten Roman in Cala Rajada gleich zwei Läden mit dem Namen „Enjoy la Vida" (Genieße das Leben) betreibt. Dort kannst du deine Lust am Shoppen und Stöbern mal so richtig ausleben! Unmittelbar an der Meerespromenade findest du zwischen Hafen und Strand eine bunte Kollektion von cooler Mode, Schmuck, Accessoires und Kunst. Für einen der Läden wurde eine ehemalige Bootsgarage umfunktioniert. Ideal zum Mitbringsel-Kaufen!

Avinguda d'America 19 und 21, 07590 Cala Rajada | enjoy-la-vida.com/enjoy-la-vida | @enjoylavida.shop

OSTEN

Ballermann und Mallehits? Party auf Mallorca ist Klischee. Doch hier ist für jede:n was dabei. Abseits der Partymeilen entdeckt man gehobene Diskos ohne Schlagerhits und entspannte Beach Clubs mit herrlichen Aussichten, aber natürlich kann man auch „Malle ist nur einmal im Jahr" richtig feiern.

OBERBAYERN

>> SCHLAGER

Dieser Club ist Kult! Ein bisschen Deutschland auf Mallorca hat man überall, aber nirgendwo sonst spürt man das so sehr wie hier. Ein urig-bayrisches Pub-Feeling bekommt man auf jeden Fall und trifft andere Deutsche, die gemeinsam „Atemlos durch die Nacht" auf den Biertischen anstimmen. Gezahlt wird mit einer Getränkekarte, die man direkt am Eingang erhält. Abgerechnet wird dann erst am Ende bevor ihr die Location verlasst.

l'Arenal | Carretera de l'Arenal, 48 | www.facebook.com/OberbayernMallorca

MEGAPARK UND SHOWARENA

>> SCHLAGER

Jedes Jahr startet der wohl größte Partytempel von Mallorca die Saison mit einer gigantischen Opening Party mit erfolgreichen Künstler:innen wie Knossi oder die Atzen. Aber auch die ganze Saison lang ist die Showarena des Megaparks Anlaufpunkt um drei bis vier Liveauftritte pro Abend zu erleben und im Tanzschuppen abzudancen.

l'Arenal | Carretera de l'Arenal, 52 | megapark.tv | @megapark.tv

LOW-BUDGET

BIERKOENIG

>> SCHLAGER

Serviert wird neben Bieren wie dem König Pilsner auch ein hauseigenes Craft Beer und weitere handgebraute Biere von der Insel. Im „Wohnzimmer" Mallorcas an der Schinkenstraße gibt es dann auch zur Happy Hour zwei Bier für eines. Hier findet man zudem einen Biergarten mit Großraumdisko, in der immer tolle Partys steigen. Mit der eigenen Spotifylist Bierkönig Mallorca kannst du dich schon mal einstimmen.

Palma | Avinguda de l'Olivera, s/n | bcmmallorca.com | @bcmmallorca

BCM MALLORCA

>> HOUSE, TECHNO UND TRANCE

Legendäre Schaumpartys: Zweimal in der Woche heißt es „Wasser marsch!" und dann tanzt man mit Schaumkrone auf dem Kopf durch die weißen Wolken des Milleniums. In der Main-Arena, der Haupthalle, gibt es eine funky Laser-Anlage und tolle DJs aus der ganzen Welt.

Magaluf | Avinguda de l'Olivera, s/n | bcm
mallorca.com | @bcmmallorca

LOW-BUDGET

BROOKLYN CLUB

>> HOUSE

Abseits vom Ballermann und der vorherrschenden Alkoholkultur geht's im Brooklyn Club etwas gesitteter und glamouröser zu. Inzwischen ist die Location mit ihrer gemütlichen Atmosphäre kein Geheimtipp mehr und immer gut gefüllt, auch mit Einheimischen. Also schickes Partyoutfit anziehen und zur Underground-House-Musik tanzen.

Santa Catalina | Carrer de Dameto, 6 | de-de.
facebook.com/brooklynclubpalma | @brooklyn
clubpalma

TOLLE COCKTAILS

ASSAONA GASTROBEACH CLUB

>> MIX

Strandfeeling pur: Unterm Sternenhimmel mit dem Meeresrauschen im Ohr und Sand unter den Füßen genießt ihr im Assaona Gastrobeach Club das mediterrane Ambiente. Auf der Speisekarte entdeckt man von Currywurst über Fish & Chips bis zum Hummer wirklich leckere Gerichte und dazu tollen Wein oder Cocktails.

Palma | Passeig Portixol s/n | assaona.com |
@assaona

COCKTAILS DIREKT
AM POOL!

PUROBEACH PALMA

>> MIX

Traum in weiß: Mit Blick über Palmas malerische Bucht entspannst du hier zwischen Buddha-Statuen und abendlichem Fackelfeuer. Das hat ein bisschen was Meditatives. Die Location ist gehoben, also die perfekte Wahl um dein schickes Strandoutfit auszupacken und auf den Sonnenliegen am Pool den Abend zu genießen.

Palma | Carrer del Pagell, Carrer de Cala Estan-
cia 1 | www.purobeach.com/es/beach-club-palma
| @purobeachpalma

EPIC PALMA

›› MIX

Pretty in Pink: Der neonpinke, leuchtende Schriftzug über dem Club springt einen direkt ins Auge. Innendrin setzt sich das sanfte Leuchten weiter fort und lädt ein zu einer ausgelassenen Partynacht. Hier legen meist spanische DJs auf und es gibt Themenpartys. Man sollte allerdings vorher reservieren, sonst wird es schwierig reinzukommen.

Palma | Avenguda de Gabriel Roca 21 | www.epicpalma.com | @epic_palma

TOLLER FOTO-SPOT!

ZHERO BEACH CLUB

›› MIX

Perfekter Meerblick: Sanft wogen die Wellen in der leichten Meeresbrise und präsentieren ihr faszinierendes Blau. Vom Zehro Beach Club gibt's nicht nur eine tolle Aussicht, sondern auch leckere mediterrane Küche oder Sushi (alles echt cool angerichtet). Die perfekte Location für einen warmen Sommerabend! Inklusive Pool und Zugang zum Meer!

Palma | Avinguda de Joan Miro 305 | zhero beachclub.com | @zhero.beachclub

FOTO MIT DEN LEUCHTENDEN ENGELS- FLÜGELN MACHEN!

SOCIAL CLUB

›› MIX

In diesem Club ist für jeden Musikgeschmack etwas dabei und in der schicken Atmo- sphäre feiert es sich hervorragend. Der Boutique-Club versprüht von außen ein bisschen Dschun- gel-Vibes, drinnen sitzt ihr unter Kronleuchtern auf Chesterfield-Sofas. Internationale DJs und Performancekünstler:innen sorgen für eine tolle Stimmung.

Palma | Avinguda de Gabriel Roca 33 | weare social.club | @socialclubmallorca

HELLO THE CLUB PALMA

›› OLD-SCHOOL- MUSIK, HOUSE, R&B

Farbenfroh und super Stimmung: So präsentiert sich Hello The Club mitten auf der Partymeile Mallor- cas. Die Location ist nicht ganz so groß wie die anderen Partytempel, macht das Nacht- leben dort aber angenehmer. Gespielt wird vor allem Old-School-Musik, aber auch House und R&B.

Palma | Carrer del Pare Bartomeu Salva 2 | hellotheclub.com | @hello.theclub

SPECIAL TIPP

PARTYBOAT

Für eine außergewöhnliche Mallorca-Party könnt ihr euch in vielen Küstenorten ein Ticket für ein Partyboot kaufen und einen Tag lang in den Buchten Mallorcas ableiern.

TOLLE TERRASSE MIT AUSSICHT AUF DIE LICHTER DER STADT!

BALNEARIO ILLETAS BEACH CLUB CALVIA

>> AVANTGARDE

Den Sonnenuntergang mit Live-Musik schaukelst du in dieser legeren Location in Hängematten entgegen. Hier empfiehlt sich eine Reservierung. Besonders lecker ist das hausgemachte Eis aus gerösteten Mandeln.

Palma | Paseo Illetas, 52A | balnearioilletas.com | @balnearioilletas

KEOPS

>> HOUSE, ELEKTRO, CHARTS

Steht man vor einem pyramidenartigen Gebäude, ist man im Nordosten Mallorcas vor dem modernen Keops angelangt, das trotz der vielen deutschen Besucher:innen keine Schlager spielt. Von der Dachterrasse hat man einen tollen Ausblick.

Cala Ratjada | Carrer Bustamante | www.facebook.com/KeopsDisco

↑
BESTE CLUB-MUSIK IN
CALA RATJADA

BEACH CLUB GRAN FOLIES

>> MIX

Karibikflair: Die weißen Sessel & Liegen mit den Sonnenschirmen aus Stroh und dem blauen Meer versprühen ihre ganz eigene Atomsphäre. Wer für den Exklusivbereich nicht so viel Geld ausgeben möchte, kann auch einfach im Restaurant lecker Essen gehen, Cocktails schlürfen und den Meerblick genießen.

Port d'Andratx | Carrer Tintorera s/n | www.beachclubgranfolies.com/de/homepage | @beachclub_granfolies

UM BEACH CLUB

>> MIX

Hier gibt's entweder entspannte Live-Musik oder ein DJ legt auf. Auf der weitläufigen Fläche kann man zwischen den vielen Sofas, Liegen und Balibetten auch ruhige Plätze finden, wo man auch den ganzen Tag verbringen kann.

Andratx | Carretera Andratx 11 | umbeachhouse.com | @umbeachhouse

Auf Mallorca ist das ganze Jahr etwas los! Inzwischen verfällt die Insel nicht mehr in ihren jährlichen Winterschlaf, sondern ist das ganze Jahr eine Reise wert!

JANUAR

HEILIGE DREI KÖNIGE

Jeden 6. Januar zieht ein spektakulärer Dreikönigsumzug durch die Straßen von Palma. Die Könige werden hier „Reyes Magos" genannt und gestalten in Spanien den Höhepunkt des Weihnachtsfests, denn am Königstag bekommen die Kinder nochmals Geschenke und die Weihnachtszeit endet offiziell.

FEST DES SANT ANTONIO ABAT

Schaurige Gestalten bevölkern am 16. Januar Son Servera, riesige Freudenfeuer werden angezündet und es wird gefeiert. Nur was? Die Tradition geht auf die Verehrung des Schutzpatrons Sant Antoni zurück, den Haustieren und den Nutztieren auf dem Feld ein langes Leben bescheren sollte. An diesem Tag gibt's auch Tiersegnungen.

FESTES DE SANT SEBASTIÀ

Am 19. Januar treffen sich die Bewohner Mallorcas auf ihren großen Plätzen und lauschen der Live-Musik. Damit wird das Patronatsfest für Sant Sebastià eingeleitet, dass vom 20. bis 27. Januar stattfindet. In den Straßen brennen Freudenfeuer und die Bewohner:innen grillen sobrassada und botifarrons.

LOW $ BUDGET

FEBRUAR

KARNEVAL

Das bunte Treiben hat auch auf Mallorca Einzug gefunden. Paraden, die sogenannten Sa Rua oder auch Sa Rueta, finden sich in vielen Orten der Insel. In Cala Rajada gibt's am 21. Februar eine Party mit DJ im Festzelt und am Strand Playa de Palma kommt man zum traditionellen Fischessen am Aschermittwoch zusammen.

MÄRZ

DIA DE LES ILLES BALEARS (BALEARISCHER REGIONALFEIERTAG)

Um an das Autonomiestatut der Balearischen Inseln zu erinnern, steigen am 1. März einige Feierlichkeiten. So auch auf Mallorca, wo es einen Tag der offenen Tür im Parlament und der Kathedrale La Seu gibt. Auf der Passeig Sagreta wird ein Bauernmarkt aufgebaut, der regionale Gastronomie und einheimisches Handwerk präsentiert.

ST PATRICKS DAY

Insel in Grün: Am St. Patrick's Day packen die Insulaner ihre Guiness-Hüte auf, kleiden sich in grün und zelebrieren den irischen Feiertag – wie wäre es anders – mit Guinness. So lädt auch Santa Ponsa zum alljährlichen Volksfest mit irischen Tänzen sowie Sängerinnen und Sänger. Der Irish Pub Molly Malone in Palma platzt an diesem Tag aus allen Nähten. Einfach wunderbar!

APRIL

SEMANA SANTA

In der Karwoche wird die Passion Christi eindrucksvoll gefeiert. Vermummte Gestalten mit hohen weißen Kapuzen, die oben spitz zulaufen, ziehen mit rasselnden Eisenketten durch die Straßen. Die Mitgliedschaft in den Confraries, so nennt man die über 50 Bruderschaften, die an den Umzügen teilnehmen, wird von Vater zu Sohn bzw. von Mutter zu Tochter (Emanzipation, yeah!) weitervererbt.

WORLD FOLK FESTIVAL

Zu diesem Event reisen Tanz- und Musikgruppen aus aller Welt an, aber auch mallorquinische sind vertreten. Sie zeigen ihre aufregenden Tänze und laden die Besucher ein, mitzumachen. Es gibt auch Tanzwettbewerbe.

FIRA DEL VI

Angestoßen wird auf dieser Weinmesse natürlich mit dem feinen Tropfen der Insel. Im Convent de Sant Domingo in Pollença treffen sich jedes Jahr Liebhaber und Hersteller.

MAI

SA FIRA

Mallorcas größten und authentischsten Vieh-, Obst- und Gemüsemarkt gibt's bereits seit 1318 in Sineu! Am ersten Maisonntag wird's dann trubelig in der Gemeinde in der Inselmitte.

MITTELALTERMARKT

Die historische Kulisse der Burg von Capdepera bietet die perfekte Kulisse für diesen Mittelaltermarkt, aber auch die engen Gassen der Kleinstadt laden zu einer Zeitreise ein. Rundherum gibt's Ritterspiele, Falkenvorführungen und Feuerspucker.

ES FIRÓ

Spektakulär ist das Es Firó in Sóller allemal. Es ist eine Reise zurück in das Jahr 1561 als maurische Piraten die Stadt angriffen. Die Einheimischen konnten den Überfall unter Führung der „Tapferen Frauen" allerdings abwehren. Jedes Jahr wird diese Schlacht nachgestellt.

JUNI

PROCESSÓ DE LES AGUILES

An Fronleichnam führt eine Prozession durch die Straße von Pollença, die Prozession der Adler. Zwei Mädchen, die die Alder symbolisieren sollen, laufen hinter dem heiligen San Joan Pelós her. Ob die Alder etwas mit der Pollensiner Weberzunft aus dem Mittelalter zu tun haben oder auf den Adler Barcelons zurückzuführen sind, scheint hier keiner mehr so recht zu wissen. Spannend ist es trotzdem!

NIT DE SANT JOAN

Wir kennen den Tag eher als Johannisnacht, die am 24. Juni zur Geburt Johannes des Täufers gefeiert wird. Sobald die Sonne hinter dem Horizont verschwunden ist, tauchen in der Nacht gruselige Gestalten auf, die zu dem lauten Klang der Trommeln tanzen. Im Parc de la Mar in Palma rennen die Dimonis beim Feuerlauf um die Wette, angeheizt von den Schaulustigen. Zum Abschluss bringt ein buntes Feuerwerk den Himmel zum Leuchten.

MALLORCAS SOMMERNACHTSTRAUM

Von Ende Juni bis Anfang September finden z. B. am Castell de Bellver, im Parc de la Mer oder auf dem Plaça Mayor Sommerfeste mit Live-Musik statt.

SUPERYACHT CUP

Bereits seit 1996 setzt der Cup, zu dem Schiffsliebhaber der ganzen Welt zusammenkommen, im Hafen von Palma seine Segel. Meist Ende Juni beobachtet man die Regatta am besten von Land aus. Oft sichtet man sogar die größten Segelschiffe der Welt!

JULI

FESTA DE LA VERGE DEL CARME

Am 16. Juli steigt die Sause für die Schutzheiligen der Fischer und Seefahrer. Dazu gibt es Prozessionen in vielen Küstenstädten.

FESTA DE SANT JAUME

Jedes Jahr am 25. Juli tanzen die cossiers die Straßen von Algaidas entlang. Traditionell sind es eine Frau und sechs Männer neben einem Dämon, der sich am Ende aus der Choreografie befreien kann.

KONZERT IM TORRENT DE PAREIS

Konzert mit Kult! Bereits zum 58. Mal steigt 2023 das Open-Air-Konzert im Torrent de Pareis in Sal Calobra. Dort lauscht man dem Chor der Capella Mallorquina. Da keine Reservierungen möglich sind, sollte man rechtzeitig da sein, um einen guten Platz zu ergattern.

AUGUST

LLIT DE LA MARE DE DEÚ

Wir kennen das Fest als Mariä Himmelfahrt. An diesem Feiertag am 15. August stehen die Uhren auf Mallorca nicht still, denn die meisten Geschäfte haben geöffnet. Besonders schön ist die Inszenierung in der Kathedrale La Seu, in der gezeigt wird wie die heilige Jungfrau in den Himmel aufsteigt.

MARXA DES GÜELL A LLUC A PEU

Dieser Marsch im August ist Ehrensache und den Inselbewohnern vorbehalten. In der Nacht vom 1. August marschieren die Mallorquiner 50 km weit von Palma aus zum Kloster Lluc. Verpflegungsposten sind über die ganze Strecke verteilt und Shuttlebusse bringen einen am Ende zum nächsten Bahnhof.

FESTES DE LA PATRONA

Buntes Fest: Der Höhepunkt der einwöchigen Feierlichkeiten in Pollença ist sicherlich die Inszenierung einer Schlacht zwischen den Stadtbewohner:innen und den maurischen Piraten.

SEPTEMBER

NIT DE L'ART

Hereinspaziert! Die Galerien Palmas öffnen ihre Türen und Kunstbegeisterte besuchen in dieser Nacht die Ausstellungen, die an diesem Tag eröffnet werden. Die Kunstsaison ist eingeläutet.

FESTES DE LA VEREMA

Wein hat auf Mallorca schon eine jahrhundertelange Tradition. Angebaut wurde er bereits 100 v. Chr. von den Römern. Die Mallorquiner schreckten unter der späteren arabischen Herrschaft auch nicht davor zurück, trotz des Anbauverbots weiter zu machen. Heute wird die Weinernte sehr ausgefallen gefeiert. Im Landesinneren in Binissalem kommen die Leute zu einer lustigen Traubenschlacht zusammen. Alles in allem eine klebrige, aber freudige Angelegenheit!

FIRA DOLÇA

Bei der Süßwarenmesse in Esporles gibt's allen erdenklichen Süßkram. Naschkatzen, mallorqinische Bäcker und Süßigkeiten-Künstler aus der ganzen Welt kommen zusammen und schlemmen sich durch die köstlichsten Kreationen.

LOW $ BUDGET

OKTOBER

STADTFEST IN ALCÚDIA

Konzerte, Musik, Märkte und Umzüge: Alcúdia wird lebendig und ein munteres Treiben herrscht in dem Ort am ersten Oktoberwochenende.

NOVEMBER

DIJOUS BO

Einst war es ein bedeutender Viehmarkt, heute ist es das größte Volksfest der Insel. Es findet in Inca am dritten Donnerstag im November statt. Auf dem Bauernmarkt gibt's viele einheimische Produkte, Kunsthandwerk und Lederwaren aus Handarbeit.

DEZEMBER

WEIHNACHTSMARKT PUEBLO ESPAÑOL

Festlich angestrahlt versprüht das Pueblo Español Weihnachtsstimmung und wartet auf mit einem schnuckligen Weihnachtsmarkt umrahmt von Live-Musik. Köstliches Essen darf natürlich auch nicht fehlen! Neben der Bratwurst gibt's weltweite Hochgenüsse wie argentinische Empanadas.

SILVESTER

Mallorca nur im Sommer? Nope! Die Insel ist ja nur zwei Flugstunden weg und lohnt sich auch für einen Silvesterkurztrip. Auf den Straßen von Palma ist dann einiges los, aber auch am Strand, in Bars und Nachtclubs kann man das neue Jahr einläuten. In der Inselhauptstadt erhebt sich dann pünktlich zum Glockenschlag das einzige Feuerwerk Mallorcas. Einfach magisch!

FESTIVALS

DIE FRAGE IST NICHT OB, SONDERN ZU WELCHEM FESTIVAL DU GEHST.
DIE AUSWAHL AUF MALLORCA IST SO GROSS, DASS BESTIMMT JEDER AUF
SEINE KOSTEN KOMMT. LASS DICH VOM INSELFEELING MITREISSEN.

AFTERSUN FESTIVAL PORT ADRIANO

In bunten Containern am Hafen wird ein Markt eröffnet, der den Sommer einläutet. Hier stehen Mode-, Accessoires- und Dekoration-Trends im Mittelpunkt. Foodtrucks bieten die beste kulinarische Versorgung. Einfach eine coole Location!

www.portadriano.com/de/veranstaltun
gen/aftersun-festival

FESTIVAL CHOPIN

Zu Ehren des Komponisten Frédéric Chopin veranstaltet Valldemossa jedes Jahr im August eine tolle Klassikkonzertreihe in dem schönen Kloster Real Cartuja.

festivalchopin.com

JAZZ FESTIVAL

Eines der besten Jazz-Festivals im Mittelmeerraum: Das Festival ist weit über die Insel hinaus bekannt und lockt jedes Jahr im August Musikliebhaber:innen in den Parc de Can Cirera Prim nach Sa Pobla sowie große Namen des Genres.

REGGAETON BEACH FESTIVAL

Inca lädt zum lateinamerikanischen Tanz. Zu Reggaeton wird im Juli getanzt und gefeiert. Auch internationale Künstler:innen wie Myke Towers, Emilia und Nicky Jam treten auf.

reggaetonbeachfestival.com/en/festiva
tes/summer/mallorca

HIPPIE-MARKT

Magaluf wird jedes Jahr von Mai bis Oktober viermal die Woche Schauplatz des Hippie-Markts. Damit will die Stadt weg vom Partyhochburgen-Image. Also heißt es dort dann Flower-Power statt Ballermannhits!

MALLORCA LIVE FESTIVAL

Ob Indie, Rock, Pop oder Electronic, das
Musikfestival im Aquapark Antiguo von
Calvià (nahe Santa Ponsa) präsentiert
sich ganz schön vielfältig und hier findet
bestimmt jeder etwas zum Mitwippen im
Rhythmus der Musik. Auch Top-Künst-
ler:innen wie Peggy Gou, The Chemical
Brothers und Vetusta Morla sind dabei.
Ein Check der Auftritte lohnt sich – denn
in den vergangenen Jahren kamen schon
Christina Aguilera, The Vaccines und
Nina Kraviz.
mallorcalivefestival.com

SA MOSTRA

Folklore heißt das Stichwort! In Sóller
bringen Volkstanzgruppen aus der ganzen
Welt beim Sa Mostra Leben auf die Plaza.
Jedes Jahr Ende Juli tanzen sie sich die
Füße platt und erfreuen mit einer fantas-
tischen Show.

SONS DE NIT

Diese Musikveranstaltung, die übersetzt Klänge der Nacht heißt, findet
den ganzen Sommer in Form von tollen
Open-Air-Konzerten auf der ganzen Insel
statt. Dabei treffen verschiedene Musik-
richtungen und Musiker:innen in den
unterschiedlichsten Locations aufeinander.
So auch z. B. die kubanische Sängerin
Omara Portuondo, die ihren 90. Geburtstag
zum Anlass nahm nochmal auf Tournee zu
gehen – inklusive Auftritt beim Sons de Nit.

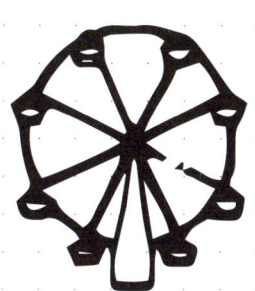

FESTIVAL DE POLLENCA

Von Jazz- bis zu Familienkonzerten über
Auftritte der Academy of Ancient Music
und der Akademie für Alte Musik Berlin:
Bereits seit 60 Jahren findet dieses Musik-
fest statt und bietet ein buntes Programm.
festivalpollenca.com

FESTIVAL DE DEIA

Das internationale Musikfestival lockt
Klassikfans nach Son Marroig. Insgesamt
finden 45 Kammerkonzerte statt, die im
Juni ihr Opening feiern.
www.dimf.com

FULL METAL HOLIDAY

Ganz schön krass: Im Oktober strömen
die Metalfans auf die Insel nach Barca
Trencada und versammeln sich zum Full
Metal Holiday. So gibt's Pool Partys
inklusive Headbanging, Moshpits am
Strand und eine einzigartige Stimmung.
Das Rahmenprogramm um die Konzerte
beinhaltet Meet & Greets und ausgefalle-
nes Metal-Yoga.
www.full-metal-holiday.com

LEAVE ONLY
Footsteps
TAKE ONLY
Memories.

HALT SIE FEST! DEINE GANZ PERSÖNLICHEN
HOT SPOTS, GEHEIMTIPPS & ERINNERUNGEN.

Vor der Reise

NICHT VERGESSEN!

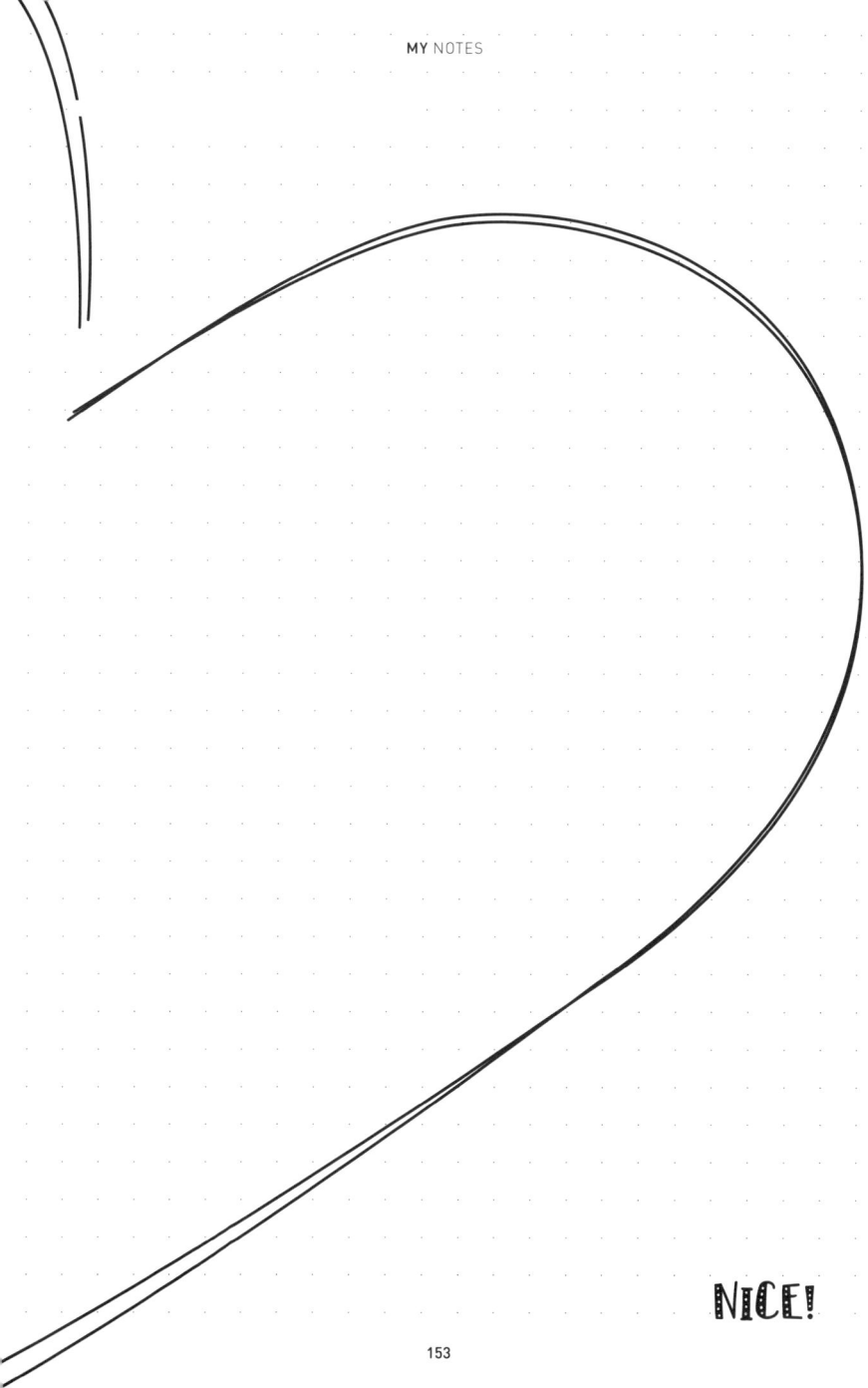

NICE!

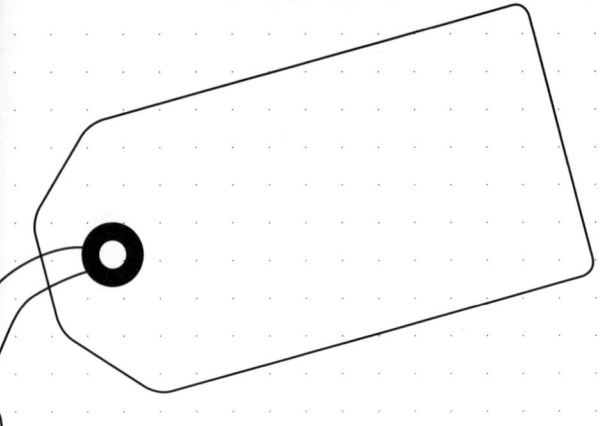

WERDE ZUM
RESTAURANTKRITIKER
Mallorca

RESTAURANT / CAFÉ

ORT / DATUM

GERICHT

KOMMENTAR

☆ ☆ ☆ ☆ ☆   EMPFEHLENSWERT   YES ☐   NO ☐

RESTAURANT / CAFÉ

ORT / DATUM

GERICHT

KOMMENTAR

☆ ☆ ☆ ☆ ☆   EMPFEHLENSWERT   YES ☐   NO ☐

RESTAURANT / CAFÉ

ORT / DATUM

GERICHT

KOMMENTAR

☆ ☆ ☆ ☆ ☆   EMPFEHLENSWERT   JES ☐   NO ☐

RESTAURANT / CAFÉ

ORT / DATUM

GERICHT

KOMMENTAR

☆ ☆ ☆ ☆ ☆   EMPFEHLENSWERT   JES ☐   NO ☐

Yummy, Yummy!

RESTAURANT / CAFÉ

ORT / DATUM

GERICHT

KOMMENTAR

☆ ☆ ☆ ☆ ☆   EMPFEHLENSWERT   JES ☐   NO ☐

We love
Mallorca!

BILDNACHWEIS

Fotos: AdobeStock: asife (88), levgen Skrypko (28); laif: Michael Amme (52/53), Frank Heuer (25); mauritius images/Alamy: Geoff Williamson Selected (99); mauritius images/imagebroker: Stella (89 u.); mauritius images/Radius Images (106); Shutterstock: ABB Photo (78), Nikiforov Alexander (104), Amazing Travels (128), Ariya Stock (126), Stephen Barnes (106/107), Colin Burdett (70 o.), Creative Lab (114), Balate Dorin (76 u.), Jeanne Emmel (42/43), FJ Navas (87), Migge G.P. (105), Guenter M1 (36 o., 36 u.), John W. Harrison (89 o.), Hilma stockfoto (97), ingehogenbijl (115 o.), Marina Kryuchina (98), Frank Lambert (48), lensfield (20), Magdanatka (64), Rafael Martin-Gaitero (78/79), Minikhan (22 u.), Monkey Business Images (77), Arkadij Schell (135), tb-photography (22 o.), Kochneva Tetyana (71 u.), Video Media Studio Europe (31 u.), vulcano (3 M. l., 49, 76 o.), Artesia Wells (29, 108), Irina Wilhauk (80 o.), Shaun Wilkinson (86/87);
Marlen Valderrama-Alvaréz und Fotografin Viviane Bierhoff (Cover, 3 o., 3 M. r., 3 u., 4–18, 21, 24, 26, 30, 31 o., 32–35, 37–42, 44, 50–52, 54–63, 65–69, 70 u., 71 o., 72, 80 M. und u., 82–85, 90–96, 100–103, 110–112, 115 u., 116–124, 127, 130–134, 136–158, Rückcover)

IMPRESSUM

1. Auflage, April 2023
ISBN | 978-3-8283-1043-8

Konzeption & Chefredaktion | Tamara Strauß
Co-Autorin | Marlen Valderrama-Alvaréz
Produktion | red.sign GbR, Stuttgart
Design & Illustration | Ina-Marie Inderka
Kartografie | Hallwag Kümmerly+Frey AG

Printed in Italy

MIX
Paper | Supporting
responsible forestry
FSC® C015829

Sag uns deine Meinung!

Egal ob du uns von deinem schönsten Urlaubsmoment, dem besten Foodspot oder der coolsten Foto-Location erzählen willst, schreib uns unbedingt! Natürlich freuen wir uns auch über Lob und Kritik zu unseren TravelBooks.

hello@guideme.ch

Hinweis

Dieser Reiseführer wurde natürlich mit allergrößter Sorgfalt und viel Herzblut für dich erstellt und recherchiert, allerdings können dem größten Streber Fehler unterlaufen und manche Adressen und Gegebenheiten ändern sich schneller, als man denkt. Deshalb müssen wir aus rechtlichen Gründen betonen, dass inhaltliche und sachliche Fehler leider nicht ausgeschlossen werden können. Alle Angaben sind ohne Gewähr des Autors oder des Verlages und somit besteht keine Haftung. Sollten dir allerdings Fehler auffallen, freuen wir uns über eine Nachricht von dir an hello@guideme.ch.

@guideme_travel | www.guideme.ch

© Hallwag Kümmerly+Frey AG, Grubenstrasse 109, CH 3322-Schönbühl-Bern

Genug von Mallorca?

DANN REISE MIT UNS DOCH MAL NACH...

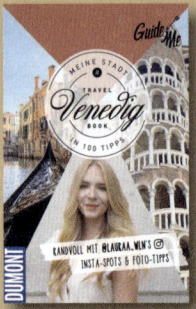

DEINE LIEBLINGSSTADT FEHLT? DANN
SCHREIB UNS UNTER HELLO@GUIDEME.CH
VIELE WEITERE GUIDEME PRODUKTE
FINDEST DU UNTER WWW.GUIDEME.CH